大字彩绘版

中国孩子要懂的礼仪规矩

雷子 编著

天津出版传媒集团
天津人民美术出版社

图书在版编目（CIP）数据

中国孩子要懂的礼仪规矩. 上册，家庭学校篇 / 雷子编著. -- 天津 : 天津人民美术出版社，2024.1
ISBN 978-7-5729-1419-5

Ⅰ. ①中… Ⅱ. ①雷… Ⅲ. ①礼仪－中国－儿童读物 Ⅳ. ①K892.26-49

中国国家版本馆CIP数据核字(2024)第021425号

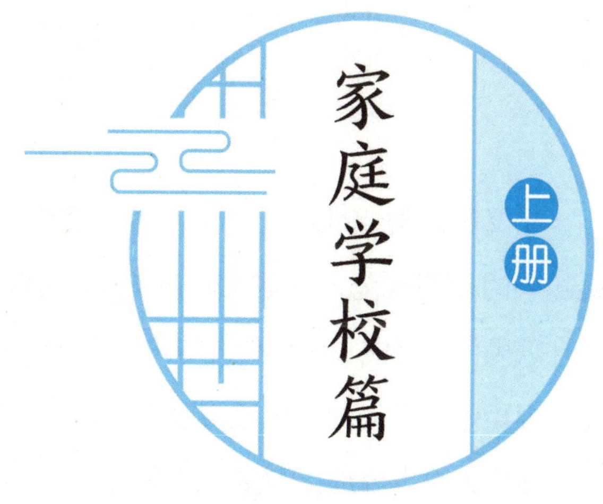
家庭学校篇
上册

卷首语

礼仪是人类为维系社会正常生活秩序，而要求人们共同遵守的最起码的道德规范，也是人们在长期的相互交往过程中逐渐形成，并且以风俗、习惯和历史传统等方式固定下来的规矩。对个人来说，礼仪规矩是一个人的思想道德水平、文化修养、交际能力的外在表现。

规矩，原本分别指测量、绘图工具，之后被引申为准则、法度。中国自古就讲究规矩意识，在这方面留下了许多经典论述。比如《孟子》中提出："离娄之明，公输子之巧，不以规矩，不成方圆。"强调做事要遵循一定的法则。《管子》中提道："规矩者，方圆之正也，虽有巧目利手，不如拙规矩之正方圆也。"《吕氏春秋》中写道："欲知平直，则必准绳；欲知方圆，则必规矩；人主欲自知，则必直士。"这些都表达了规矩的约束对于矫正自我认识、自我言行的重要意义。"中国有礼仪之大，故称夏；有服章之美，谓之华。"我们华夏民族自古被人盛誉为"衣冠上国、礼仪之邦"，泱泱五千年华夏文明，祖辈给我们留下了很多这样的规矩，都是对我们为人处世提出的基本要求及相应的礼仪规范。

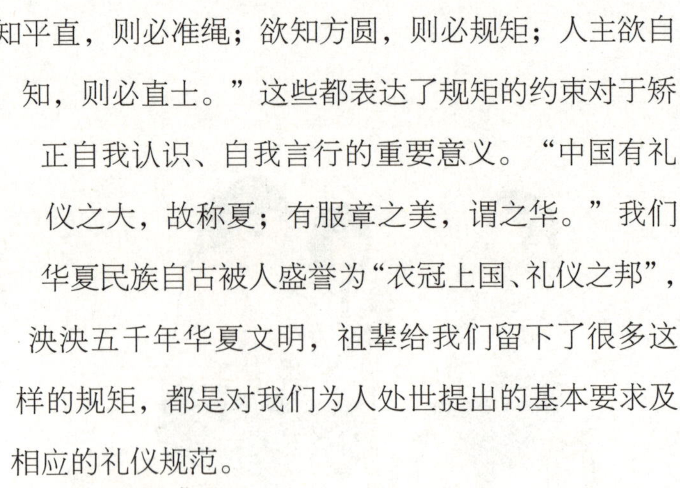

在古代，礼仪强调的是良好修养的外显，注重关照他人；规矩强调的是良好素质的内修，注重约

束自己。如今，规矩已经被纳入“礼”的范畴，礼貌、礼节、礼仪等说起来就是规矩，规矩和礼仪几乎融为一体，成为中国人自古以来就遵守的做人法则，是一个人重要的素养，是一个人有教养的体现。今天，对我们每个人来说，遵守礼仪规矩是家庭教育的核心内容，是学校教育的重要部分，是社会教育的基本要求。遵守礼仪规矩应当是新时代每个人必须具备的个人修养。

我们在评价一个孩子时，往往喜欢用“懂事儿”这个词。什么叫懂事儿？说白了，就是说这个孩子讲礼仪、懂规矩。孔子说：“不知礼，无以立。”孟子提出，“不以规矩，不能成方圆”。所以，遵守礼仪规矩是每个孩子成长的必修课。那么，对教养孩子来说，要遵守哪些礼仪规矩呢？

中国人的礼仪规矩有很多条，体现在不同的生活方面，但是孩子活动主要是在家庭、学校和社会，对礼仪规矩的遵守也主要表现在这三个地方。《中国孩子要懂的礼仪规矩》以这三个地方为切入点，告诉孩子在家庭、学校和社会必须遵守的礼仪规矩，教孩子如何行事，如何待人。

本书既继承了传统的礼仪规矩，又融合了新时代的行为规范。提倡的礼仪规矩以“礼”为内容，以“德”为精神。教孩子如何在自己的一言一行中彰显出良好的教养，教会父母如何从细节处落实门风家教。

目录

居家生活篇

对待长辈的礼仪规矩

平辈相处的礼仪规矩

亲戚相处的礼仪规矩

继亲相处的礼仪规矩

亲乡近邻的礼仪规矩

请客待客的礼仪规矩

物品收纳的礼仪规矩

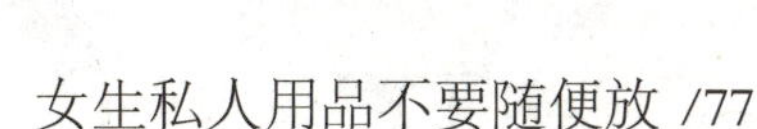

家庭祝福的礼仪规矩

校园生活篇

学生装扮的礼仪规矩

秩序校园的礼仪规矩

师生相处的礼仪规矩

同学相处的礼仪规矩

办公室的礼仪规矩

教室听课的礼仪规矩

网络课堂的礼仪规矩

自习自学的礼仪规矩

图书借阅的礼仪规矩

实验操作的礼仪规矩

学校食堂的礼仪规矩

宿舍生活的礼仪规矩

课外活动的礼仪规矩

居家生活篇

一个人有教养，待人接物讲礼仪规矩，家庭是不可或缺的教育阵地和实践基地。孩子对家庭礼仪规矩的掌握和实践程度，更多的是依靠爸爸妈妈的教育和督促，但是有些爸爸妈妈并不完全了解家庭礼仪规矩，不知道该如何去教导孩子践行。

这部分讲述了家庭礼仪规矩，通过展现家庭生活常见的各个小场景，根据家庭生活的特点，告诉孩子在不同的家庭场景下有哪些礼仪规矩要遵守，如何做个有教养的好孩子。内容涉及尊老孝亲、亲人相处、居家行为举止、思亲感恩活动和特殊日子的家庭礼仪活动等，让孩子全面、具体、有效地接受家庭教育。

对待长辈的礼仪规矩

孝顺父母、敬爱老人，是每个人的责任，也是义务，是一个家庭最大的规矩，更是中华民族的传统美德。从礼仪的角度看，我们与父母及长辈相处，要秉持恭敬的心意，要保有和悦的神色，行为要合乎礼仪，努力做好一切事情，以尽量减少长辈为我们担忧。

孝顺长辈，一定从小时候开始

孝顺长辈是中华民族的传统美德，也是中国人做人的重要标准之一。所以，很多人懂得尊老孝亲的重要性，倡导“百善孝为先”的古训。

但是，在有些小朋友看来，自己还小，等自己长大了，上班挣钱了，再去孝顺爸爸妈妈等长辈也不迟。

教养金句

哀哀父母，生我劬（qú）劳。……哀哀父母，生我劳瘁。

——《诗经·小雅·蓼莪（é）》

（可怜我的父母，抚养我太辛劳！……可怜我的父母，抚养我太劳累！）

其实，孝顺长辈不需要等自己长大。因为孝顺长辈，很多是体现在日常的一言一行中，不管我们年龄有多小，能力有多弱，都能找到适合自己孝顺长辈的行动方式——这些方式可能就是我们这个年龄段应该做的，是在我们的生活中必须的行动。不同年龄阶段的人孝顺长辈的方式各有不同。比如，目前的我们年龄还比较小，能力有限，但是爸爸妈妈下班后，帮他们端茶送水、打扫卫生、刷碗洗菜等，还是可以做到的。孝顺长辈，能做到的事不做就是失礼，也有失教养，所以不要为孝顺长辈找任何借口推脱责任。

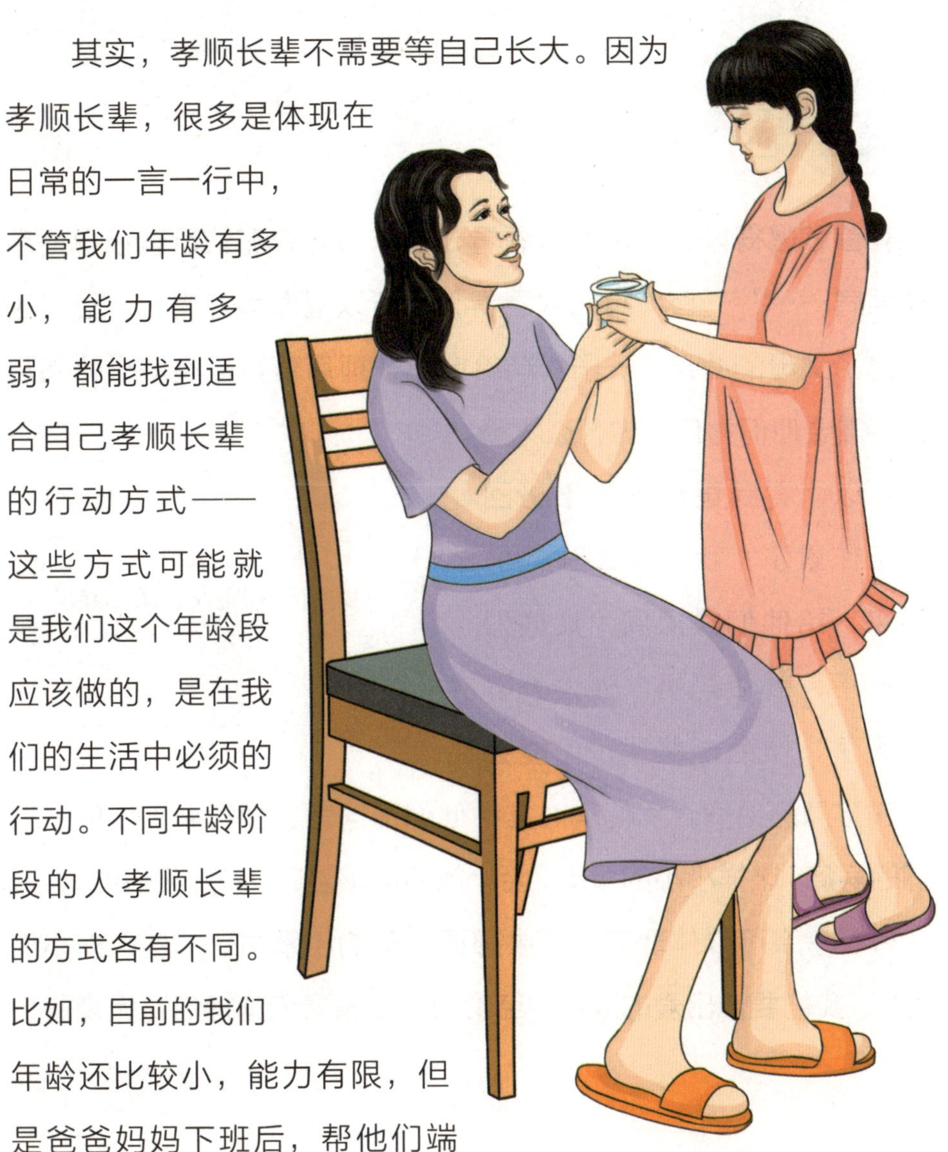

古人说：“树欲静而风不止，子欲养而亲不待。”爷爷奶奶、外公外婆，他们年纪都比较大了，那么，就让我们从现在开始，用实际行动证明自己是个孝顺长辈的好孩子吧！

孝亲，从细微小事做起

有首歌唱得好：“常回家看看，回家看看，哪怕给爸爸捶捶后背揉揉肩……”一首《常回家看看》之所以唱遍大江南北，正是因为唱出了父母的心声——子女能给自己捶捶后背揉揉肩就十分满意了，不需要他们为自己做什么大事。

所以，看到爸爸妈妈下班回来，工作累了，我们可以让他们坐下来，给他们揉揉肩，让他们放松一下；爷爷奶奶、外公外婆年纪大了，操劳一辈子，可能会有腰酸背痛的毛病，我们就时常给他们捶捶背、揉揉肩，缓解一下他们的病痛。这样小小的举动，会让他们倍感温暖，感到我们的孝心。

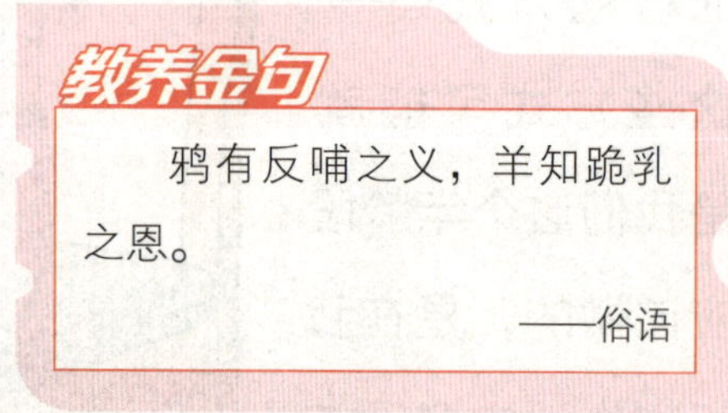

尊老孝亲可以体现在生活中那些简单的小事中。“勿以善小而不为”，我们要伸出爱的双手，经常为父母长辈们捶捶后背揉揉肩。

听长辈说话，要走到身前去恭听

在家里，我们常常会遇到类似这样“隔空对话”的情景：爷爷奶奶、外公外婆或者爸爸妈妈，他们在厨房，你在客厅。他们在厨房大声喊你，你在客厅大声应答。有些小朋友意识不到，这样的做法是家里的晚辈太没有规矩了，是没有教养的体现。

在家里，听见长辈呼喊，千万不要窝在卧室里与隔壁房间的长辈“隔空对话”，或懒于起身而装作没听见，更不能逼着长辈走到你面前来问话。正确的做法是，听见长辈呼叫，一定要尽可能地马上走到他们身前去，恭听吩咐。

长辈对我们讲话的时候，我们并不是只用耳朵听着那么简单。

在家里，有些小朋友听长辈说话，会表现出很不耐烦的样子：“好了，我知道了，别再啰唆了！”“烦不烦啊，不要老念叨了！”这样的情景在生活中我们会经常见到，殊不知这样的做法，不仅是对长辈极不尊重，还会在心理上伤害到他们。

长辈对我们讲话时，我们的眼睛要正视长辈眉眼之间的部位，并与对方保持目光接触，目光要柔和、亲切且自然。要学会倾听长辈讲话，认真思考和感悟，并适当做出回应。适时地点头、微笑或是做出手势动作，以表示对长辈说的话及时而肯定地回应。神情不仅要恭敬，而且还要专注，这才是对长辈真的尊重。

即使长辈讲话不全对，或者有些啰唆，我们也不宜当场反驳，正确的做法是保持沉默，笑脸相对。

对长辈说话，声音要温顺柔和

孝敬家里的长辈，往往体现在生活细节中，体现在我们的一言一行中。例如，对长辈说话，声音柔和适中，就是尊重长辈的体现。

对长辈说话，声音柔和，体现的是我们恭敬的态度，所以对长辈大吼大叫是不尊重他们的表现。有些长辈年纪大了，例如爷爷奶奶，他们已经有些耳背了，我们在对他们说话的时候声音就要抬高一点。的确，对这些长辈说话的时候，如果你说话的声音太低，长辈听不见，那么就很失礼，也是对长辈的不尊重。古人说“尊长前，声要低”“低不闻，却非宜”就是这个道理。但对长辈大声一点说话，不等于要对他们大吼大叫，说话声音要柔和适中，语气要谦和有礼，不能过于急躁，更不能大声喧哗。交谈中要保持耐心，语速声调都要适当，咬字清晰。

“我”是小辈，座位不能“越位”

你知道吗？在家里，如果长辈在场，应该把尊贵的位置让给他们坐，这是规矩。

中国自古以来就是礼仪之邦，无论是餐桌旁入座，还是客厅沙发的座位，不同的位置主次、尊卑各有不同。身为家里的小辈，有长辈在场的时候，一定要把“主位”“尊位”这样的“上座”留给长辈，一定不能“越位”。

> **教养金句**
>
> 人谁不顾老，老去有谁怜。
>
> ——唐·刘禹锡

拿餐桌为例，餐桌座次总原则是“尚左尊东”“面朝房门为尊”。所以，要把面向门口的座位（俗称上座）留给长辈，接下来按辈分或年龄依次一左一右地排列座位。假如家人安排我们坐在长辈旁边，说明长辈疼爱我们，顺从大人安排，这样坐也不算失礼。

一般情况下，在客厅沙发就座时要围坐长辈，别让长辈被动地

围坐自己。身为小辈，家人在客厅围坐的时候，边缘的那个位置通常才是属于我们的。

所以，在家里，一定要找准适合我们自己的座位，这样才不会失礼。

以礼相待，对长辈要说“谢谢”

当我们得到了同学、朋友或者陌生人的帮助，我们通常会礼貌地说声“谢谢”，但遗憾的是，有些人在家庭里，面对长辈给予的帮助，却很少能说声“谢谢”。

有的人会说，对家里人说“谢谢”，有些见外了；家里人互相帮忙和照顾，不是应该的吗？的确如此！但是，爸爸妈妈长年累月为了我们的成长不断地辛勤付出；爷爷奶奶、外公外婆也在不知疲倦地照顾我们的起居生活。我们生活中的点点滴滴，都离不开家里长辈的无私帮助，难道我们不应该对他们的辛苦付出表示感激吗？难道不应该及时地对他们说声“谢谢”吗？表示感谢，这不仅是对他们的尊重，表达出一份感恩之情，更是一个人的素质体现。

教养金句

孝有三：大尊尊亲，其次弗辱，其下能养。

——西汉·戴圣

（孝顺的行为可以分成三个等级：最高一等的是让世人都尊敬你的父母，其次一等是不侮辱父母的名声，再下一等的是能给他们养老送终。）

我们要记住，“谢谢”是日常礼貌用语，也是每个家庭，特别是晚辈对长辈不可或缺的日常礼仪。

这些事，要“让长辈先”

“让长辈先”是在家庭里较典型的一种尊老行为，有些事一定让长辈先来，才是对长辈的尊重。那么，家里的哪些事要“让长辈先”呢？

在我国传统礼仪中，不论用餐、就座或行走，都应该谦虚礼让、长幼有序，让年长者优先，年幼者在后。在生活中，要求在用餐的时候，饭先盛给长辈，菜让长辈先动筷、先尝；在就座的时候，长辈坐下后晚辈才能坐；路上一同行走，一般是长辈走在前，晚辈跟在后。

除了上面所说的这些例子，在家里“让长辈先”的尊老行为还有很多，例如：在家庭聚会发言的时候，让长辈先说；问候家人的时候，要先向长辈问好；晚上睡前洗漱使用公用洗漱间、卫生间的时候，让长辈先用；在分享水果、点心等食物的时候，让长辈先吃……总的来说，让长辈优先选择、优先享用就是对长辈的尊重。

这些事，要把老人留在后

一般原则，“让长辈先”是对他们的尊重。但有些事却是“让老人在后”才是对他们的爱护和敬重。

如在家用餐时，老人往往因为年老用餐会缓慢，所以要“让老人在后”，不要因为赶时间清洗碗筷而催促老人，要让老人细嚼慢咽，有更多的时间去享用美食。家里不好的消息，不要急着向老人说，必须要说的消息，也应该最后告诉老人，免得让老人有更多的担心。不要催促老人起床，相反，当老人睡醒后，要提醒老人先在床上仰卧，活动一下四肢和头颈部，以适应起床时的体位变化，这不仅是对老人的尊重，也可以避免意外。不要催促老人走路，老年人的协调能力相对较差，如果走路过猛过快，容易摔倒，轻者软组织挫伤，重者引起骨折等。因此，陪老人散步时切不可催促。和老人同行，遇到复杂、危险路段时，我们可以走在老人前面，为老人“开路”，让老人走在后面。

所以，有些事情，把老人留在后，才是对老人的尊重。

家里的长辈，要按照规矩喊尊称

在外面的时候，我们都知道对长辈要用尊称敬称。但在有些家庭里，有的小朋友对长辈的称呼会很随便，例如称爸爸为“老大”，称老人为“老同志”等，逗得长辈们哈哈大笑。但我们要懂得，如果一贯这样称呼家里的长辈，是有失礼仪的表现。

《弟子规》里讲：“称尊长，勿呼名。”意思是说，我们在日常行为中，对尊长要时时怀有恭敬心，称呼长辈时，要按照规矩喊尊称敬称。

更多时候，特别是在公共场合和有外人在场时，我们对长辈要称呼“您”，或者“爷

教养金句

修养的花儿在寂静中开过去了，成功的果子便要在光明里结实。

——现代·冰心

爷”“奶奶”“外公”“外婆”“爸爸”“妈妈”这样的称呼。对外人说起家里的长辈，要用“我爷爷”“我奶奶”等这样的称呼。在请求长辈过来帮忙的时候，最好用“爷爷，请您……行吗”“妈妈，请您……好吗”这样的称呼。用“喂”“你”呼喊长辈是失礼的表现，对长辈用祈使句，甚至直呼其名，都是对长辈的大不敬。我们要时刻记住，按照规矩喊尊称，是对长辈尊重的重要表现之一。

爱父母，多一些暖心的问候

在家里，我们向爸爸妈妈勤问候，是尊重和体贴父母的良好表现。

爸爸妈妈工作劳累之余，如果能得到我们一个充满爱心、关怀的问候，那么，他们的疲惫、烦恼，甚至病痛，有可能会在我们像春风一般的亲情关怀中顿时消失。

早上起来时，一声问候不能省略：“爸爸，早安！”“妈妈，早上好！”晚上睡觉前，也别忘了向父母说：“爸爸，时间不早了，早些睡吧！”“妈妈，睡个好觉！”

当爸爸妈妈生病的时候，在端药送水的同时，应时时加以劝慰、问候，如：“爸爸，好点了吗？好好休息，很快就会好的。”“妈妈，您想吃点什么？您放心歇着，我会听话的。”

问候父母，是一种礼仪，是对父母的关心，也是爱他们的一种表达方式。作为子女，应该养成这样的礼仪习惯，做一个有教养的好孩子。

平辈相处的礼仪规矩

兄弟姐妹，都是父母所生，古人比为手足之情，具有血缘之亲。一个家庭能否幸福愉快，兄弟姐妹平辈之间的和睦相处，具有举足轻重的地位。如果兄弟姐妹之间能友好相处，互助互爱，即使产生矛盾，也能讲究礼仪，不吵不闹，互相谅解，和好如初，这样的家庭氛围，必然十分融洽。兄弟姐妹不和，首先伤心的是父母；兄弟姐妹和睦，开心的也是父母。那么，兄弟姐妹之间相处应讲究哪些礼仪规矩呢？

兄弟姐妹如手足，要互相爱护

兄弟姐妹，一奶同胞，骨肉至亲，情同手足。所以，平辈之间要彼此照料、爱护，这既是孝敬父母的表现，也是家庭内部不可少的礼仪规则。

教养金句

世上莫过手足情，打断骨头连着筋。

——俗语

在日常生活中，平辈之间要互帮互助，相互提携。见到兄弟姐妹有困难时，一定要及时伸出援助之手。

在学习上，给兄弟姐妹力所能及的帮助，相互鼓励，相互监督，共同进步。

在思想上，遇到对外人难以诉说的苦恼，不妨同自己的兄弟姐妹敞开心扉聊一聊。对于兄弟姐妹在思想、情感方面的问题，要及时加以点拨、开导。

如果哥哥、姐姐结了婚，血统与姻亲的天然纽带将平辈们联系在一起，因而互相爱护成为理所当然。兄弟姐妹能友好相处，必定能使父母欢心，这就是“兄弟睦，孝在中”的道理。

对平辈的爱护，应该体现在多个方面：在心里装着兄弟姐妹，极力维护兄弟姐妹的利益；按照自己的能力，尽可能为兄弟姐妹创造生活方便；要关心兄弟姐妹的生活安全和身体健康等，如提醒兄弟姐妹少吃垃圾食品，经常提醒他们安全出行等。

兄弟姐妹之间的爱护，应该是无条件且不求任何回报的。对于来自平辈的爱护，必须要领情，不要将对方的爱护，尤其是他们的苦口良言视为一种不友好的行为而记恨在心。

哥哥姐姐为“长”，对他们要尊敬

在中国人的礼仪规则中，讲究“长幼有序”，这是中国传统文化的一种体现。所以，从传统礼仪来看，哥哥姐姐为“长”者，弟弟妹妹理应对他们多一些尊敬。另外，哥哥姐姐比弟弟妹妹年龄稍大，在家里应肩负更多的责任，例如多做一些力所能及的家务、帮助爸爸妈妈辅导弟弟妹妹的作业等，这也是我们要尊敬哥哥姐姐的理由之一。

同时，对家族中的哥哥姐姐，也要延续这种“长幼有序”的恭敬关系，这是传统家庭基本礼仪——这也是容易被现代人忽视的地方。

家里兄弟姐妹之间，不要直呼其名

有些人在称呼家里兄弟姐妹的时候，常常直呼其名，甚至喊他们的乳名。

现在的很多孩子是独生子女，很少有兄弟姐妹。假如你有哥哥姐姐或弟弟妹妹，是不是因为是平辈，就可以彼此直呼名字呢？肯定不是。

教养金句

仁人之于弟也，不藏怒焉，不宿怨焉，亲爱之而已矣。

——《孟子·万章》

（仁人对兄弟们有所愤怒，不藏于心中；有所怨恨，不留在胸内，只是去亲近、爱护他们。）

恰当的称呼是兄弟姐妹之间基本的礼仪。对兄弟姐妹直呼其名，特别是直接喊哥哥姐姐的大名或乳名，是一种失礼的行为。

一般来说，在称呼兄弟姐妹的时候，可以直接喊“哥哥”“姐姐”“弟弟”“妹妹”，也可以在大名或乳名后带上“哥”“姐”“弟”“妹”，不能直呼其名。

哥哥姐姐，要让着弟弟妹妹

哥哥姐姐谦让弟弟妹妹，这是中华民族的传统美德。在家里，弟弟妹妹年龄小，可能还不太懂事，所以需要哥哥姐姐更多地照顾、包容和谦让。

那么，我们怎么理解“让着弟弟妹妹”中的“让”呢？

这里的“让”多指“礼让”“忍让”，要求哥哥姐姐秉持一颗爱心，有好处先让给弟弟妹妹，不要你争我抢；发生争执时要尽可能地多做退让，不要和弟弟妹妹斤斤计较，更不能恃强欺负弟弟妹妹。总之，“让”就是哥哥姐姐要多满足弟弟妹妹的心愿，让弟弟妹妹满意。

但是值得注意的是，对于哥哥姐姐对我们自己的爱护，作为弟弟妹妹，不要误以为他们让着自己是天经地义，自己也要懂礼识礼，尊敬他们，千万不要因为自己小而在家里任性而为。

平辈之间说话，要注意方式方法

有人会说，兄弟姐妹之间非常熟悉，用不着那么生疏客套，想说什么就说什么。但是太过随意会在不经意间伤害彼此的自尊心，给亲情带来不利影响。这就要求我们和兄弟姐妹说话时也要注意方式方法，以体现对对方基本的尊重。

平辈之间言语沟通交流，口气一定要温和。不要对兄弟姐妹大喊大叫，更不能对他们粗言秽语。对兄弟姐妹提出批评意见时，最好不要太直接，应该委婉地劝告。缺乏婉转的言辞，往往使人难以接受，并伤害别人的自尊，从而在亲情关系上烙下不好的印痕。和兄弟姐妹意见不同时，最好用商量的口吻说出自己的看法。这就要求我们在和兄弟姐妹说话的时候，要讲究方式方法，要尊重对方。

齐心协力，共同分担家庭事务

爸爸妈妈有时候会分派一些家务给兄弟姐妹。这个时候，每个人都要承担相应的责任，完成爸爸妈妈分派的家务。

哥哥姐姐不要恃强将家务硬推给弟弟妹妹，弟弟妹妹也不要以年幼为借口推卸责任。兄弟姐

教养金句

劳动是一切知识的源泉。

——现代·陶铸

妹之间要学会协商分担家庭事务。哥哥姐姐要替弟弟妹妹多分担一些家务，而弟弟妹妹也要主动承担一些力所能及的事。

在劳动的时候，兄弟姐妹之间要相互帮助、相互照顾，齐心协力完成家庭事务，不要偷奸耍滑。

搞好家庭团结，创造温馨祥和的家

家庭中常见的平辈，不仅有兄弟姐妹，还有嫂嫂、堂兄、堂妹、表哥和表姐等。我们要和他们搞好团结，对待他们的态度要亲善，不可表里不一。对待没有血缘关系的嫂嫂等人，应该和对待有血缘关系的兄弟姐妹们一样，切勿区别对待，避免造成彼此的心理隔阂而难以相处。

要听得进来自平辈的逆耳之言，对他们的错误做法也能说得出逆耳之言，但切记勿搬弄是非、挑拨离间。应本着相亲相爱、团结互助的原则相处。

教养金句

内睦者，家道昌。

——北宋·林逋（bū）

（家庭内部和睦的，家庭就昌盛。）

和平辈相处，不要斤斤计较，少拿鸡毛蒜皮的事来揭对方的短，威胁对方。要记住对方的好，并时刻放在心上。

平辈之间可能出现的血亲、无血亲关系中，不应对无血亲关系的亲人表示歧视，更别在背后说三道四，相互埋怨、相互贬低。

亲戚相处的礼仪规矩

亲戚，是指和自己有血亲和姻亲关系的人。在日常生活中，有些人忽视了与亲戚的相处，而把重心放在了与朋友的交际上。实际上，自古以来，亲戚之间血浓于水，对很多人来说，亲戚占了自己大半个社交圈。所以，我们从小就要学会维护好亲戚这层关系。对亲戚遵守一定的礼仪规矩，才会让关系越走越亲密。

对待父母两边的亲戚，要一视同仁

对我们未成年人来说，亲戚主要是和自己有血亲关系的人，所以，我们的亲戚主要来自父母这两方。例如：伯父伯母、姑妈姑父、堂兄妹属于父亲这方的血亲，传统礼仪称为内亲；舅舅舅妈、姨妈姨父、表兄妹属于母亲这方的血亲，传统礼仪称为外亲。

教养金句

是亲必顾，是邻必护。

——俗语

这两方血亲，对父亲或母亲来说，一方是自己的血亲，另一方是自己的姻亲，情感对待有所差别是人之常情。但是，我们不能依照父母的态度去对待父母这两方的亲戚，这两方亲戚我们尽量一样的“亲”，在情感认同上要一视同仁。例如对伯父伯母、叔父叔母、姑妈姑父、舅舅舅妈、姨妈姨父要同样尊敬，不厚此薄彼。

父辈亲戚中，伯父叔父放首位

在中华文化的人伦礼仪中，父亲一族中最亲的人是伯父、叔父和姑姑，母亲一族中最亲的人是舅舅和姨妈。当我们在成长的路上遇到困难需要帮助时，只要伯叔、姑姑、舅舅和姨妈有能力，他们一般都会倾囊相助。除此之外，从我们一出生，相信绝大部分人都是受父亲和母亲的兄弟姐妹们的照顾最多。

伯父、叔父和舅舅在亲戚中的地位“很高”，所以，我们对伯父、叔父和舅舅要“另眼相看”，特别是在向父母辈亲戚行敬礼的时候，一定要将伯父、叔父、舅舅放在首位。如春节拜年的时候，除了爷爷奶奶、外公外婆，最先要去的是伯父、叔父和舅舅家，还要带上礼物。当家里来了很多亲戚，伯父、叔父和舅舅都在场时，要最先给舅舅行敬礼，如行茶礼，就要给舅舅最先奉茶，然后才是伯父，最后按照辈分地位分别奉茶；入座时，一般也是让舅舅坐尊位等。按照传统礼仪，伯父属于内亲，是家人；舅舅属于外亲，是客人，所以对舅舅就要特别礼敬。

总之，父辈亲戚中，伯叔是最高位置；母辈亲戚中，舅舅是最高位置，这是中国的老规矩，否则就是失礼。

给亲戚拜年，最好按照一定顺序

春节给亲戚拜年，是最重要的交往活动之一。你知道吗？给亲戚拜年的顺序是有规矩的。所以，俗语有“先拜丈人再拜舅，姑父

姨父排在后”的说法。

给亲戚拜年，基本的顺序是先长辈后平辈，或者根据“先亲后疏”的原则，这样亲戚才不会怪罪。所以，我们过年的时候，先给爷爷奶奶和外公外婆拜年，然后再给伯父、叔父、舅舅、姑妈姑父、姨妈姨父拜年。伯叔舅舅和姑妈姨妈多，要按照从大到小的顺序拜年。平辈之间，最好按照血缘关系的远近决定拜年的先后顺序。

过年时，如果拜年颠倒了顺序，例如先给姨妈姨父拜年而把舅舅放在后面，姨妈姨父自然很开心，但舅舅往往会因为你没有把他放在该有的位置而不高兴。

走亲戚，要带一份合适的礼物

中国有一句俗语叫“礼尚往来”。亲戚之间的交往频率较高，很多是礼节应酬，例如婚礼、生日等，总要有所表示，以示祝贺之意。特别是像拜年这样的走亲访友活动，礼物是必须要带的，而且也有很多礼仪规矩。

如果给长辈亲戚拜年，一定要携带一份礼物。送什么礼物，一是以长辈的生活习惯、身体状况为准，二是以地方生活水平情况为原则。一般来说，礼物以吃用为主，例如茶叶、水果、奶制品、糕点和糖果等。

教养金句

鹅毛赠千里，所重以其人。

——北宋·欧阳修

（虽然我送的礼物不贵重，但我对你的情意却很深厚。）

小辈给长辈亲戚的礼品，应该有敬老的专属礼品。礼品因地域各有不同，例如在很多地方，茶、糕点是送给长辈的。如果长辈家里没有很小的孩子，千万不要送孩子吃用的东西，否则就是把长辈当孩子看，是对其大不敬。

父母和平辈亲戚之间的走动，可以不带礼物，但如果对方家里有小朋友，也可以给对方家的孩子带上礼物。给孩子的礼物，一般以奶制品、水果和学习用品为主。

给亲戚带的礼物，主要是表达一份心意，不一定要有多贵重。但礼轻情意重，这样更能增进亲戚之间的感情。

亲戚之间，要常问候、多走动

俗话说“亲人越走越亲”，亲戚之间的关系是需要不断走动的。来来往往，经常交流才能深化亲戚之间的感情。长时间不来往、不联系会导致关系越来越疏远，开始一年说不上几句话，后来几年无音信，直至双方关系彻底中断，老死不相往来了。所以，要与家人一起，和亲戚多走动、多联系。

闲暇时，多去亲戚家看一看。小朋友要积极跟随家人参与亲戚家安排的活动，例如生日宴会和一些喜事活动等。

教养金句

姑舅亲，辈辈亲，打断骨头连着筋。

——俗语

距离远、走动不方便的亲戚，特别是像伯叔舅舅、姑妈姨妈这样的重要亲戚，作为晚辈，每逢节日和亲戚生日，要打电话表示问候。平辈之间，不妨在微信、电话中多聊聊家常、生活和学习。亲戚家有人生病，应该去探望。如果不能亲自去探望，不妨打个电话，郑重地慰问一下。

心中有亲戚，亲戚心中才会有我们；爱自己的亲戚，亲戚才会爱我们。常问候、多走动，亲戚之间才会越来越亲。

穷 亲戚富亲戚，不以穷富待亲戚

“贫居闹市无人问，富在深山有远亲。”这是表现亲戚之间关系的一句俗话。但是，这不是亲戚之间的相处之道。

亲戚间相处，不应该以贫富区别对待。特别是亲戚来家里的时候，对于比较富裕的亲戚不必阿谀奉承，对于贫困的亲戚更不该冷脸待之或表露出鄙视，要一视同仁地接待他们。和亲戚之间的走动，无论穷与富都要一样，不要多走富亲戚，懒走穷亲戚。相反，在家庭能力许可的情况下，我们要提醒爸爸妈妈，多关心经济比较困难的亲戚，对他们多些关注和照顾。

教养金句

毋以小嫌疏至戚，毋以新怨忘旧恩。

——清·金缨

（不要因为小小的过节而疏远亲友，不要因为新近的怨恨而忘记旧时的恩情。）

生活中我们不能势利眼，不管亲戚穷富都要一视同仁，这样亲戚之间才会相处得很好。

继亲相处的礼仪规矩

继亲家庭，指离婚的母亲或父亲带着孩子与其他男性或女性结婚，将两个家庭重组在一起生活，所以家庭成员要复杂一些。社会对继父母有刻板印象，如童话故事中的白雪公主和灰姑娘的坏巫婆继母，使得一些人容易对继亲有防卫的心态和不好的印象。其实，只要我们遵守相应的礼仪规矩，在继亲家庭一样能充满快乐和幸福。

爸爸妈妈离婚了，要祝福他们再婚

现在，有些爸爸妈妈离婚了，和孩子就不再住在一起了，孩子跟着爸爸或妈妈一方生活。有时，我们会面对这样的事实：爸爸或妈妈要重新选择自己的伴侣，我们可

教养金句

一个天生自然的人爱他的孩子，一个有教养的人定爱他的父母。

——近代·林语堂

能会有一个继父或继母；而我们会不习惯这样一个“外人”走到自己的生活中来，于是不断地向爸爸或妈妈哭闹，阻挠他们再婚。

爸爸妈妈离婚、再婚，这是他们选择幸福的权利，我们应该尊重他们的选择，不应该阻挠他们再婚。相反，要接受爸爸或妈妈再婚。适当的时候，还要向再婚的爸爸或妈妈送出自己的一份祝福。

对继父继母，要真心接纳

爸爸妈妈离婚后再婚了，家里因此就多了一个继母或继父。很多时候，我们很难接受这样一个“外人”走进自己的生活。所以我们面对他们的时候，要么不理不睬，要么恶语相向，甚至用敌视的态度对待他们，不能在心理上接纳他们。

其实，继父或继母是妈妈或爸爸的幸福选择。因为他（她）的到来，为我们重新建立了一个相对完整的家，也给我们的爸爸或妈妈、给我们自己带来了一份幸福和温暖。他（她）会和我们的亲爸或亲妈一起，承担起教育抚养我们的责任。所以，继父或继母应该得到我们的接纳和尊重。面对继父或继母，要像面对自己的亲生父母一样，和他（她）建立起亲情关系。

当我们真心接纳了继父或继母，和他（她）一起生活才会和谐、融洽。

教养金句

将心比心，以心换心。

——俗语

与继父继母相处，要恭敬礼貌

我们与继父或继母相处，要注意礼貌和分寸，与他们说话要心平气和、态度诚恳，不可口是心非、出言不逊。我们把继父或继母当亲生父母一样对待，敬重他（她），以心换心，以情换情，他（她）才能够真心实意地把我们视为亲生儿女，彼此才会相处得和睦、融洽。

当然，与继父或继母接触频繁了，难免会有不和谐之处。这时，

直接向他（她）说出自己的看法也未尝不可，但是委婉地征得他（她）的理解更为妥当。千万不要将不满埋在心里，用激烈情绪去对抗他（她）。要记住：沟通时要客客气气地说，注意表达方式，不要言辞激烈。因为宣泄愤怒的批评可能会伤害对方的感情，而真心实意地提意见却能感化对方。

教养金句

人不能像走兽那样活着，应该追求知识和美德。

——近代・但丁（意大利）

对家人别分亲疏远近

爸爸或妈妈离婚后重新组建家庭，家庭成员就复杂了：不仅有我们自己的同胞兄弟姐妹、爷爷奶奶或姥姥姥爷，可能还会有继父或继母的父母和孩子——这会带来名义上的爷爷奶奶或姥姥姥爷、兄弟姐妹。

面对复杂的家庭成员，我们很多时候会按照血缘关系将家庭成员分成亲疏远近不同的部分，将继父或继母那一方的家庭成员看成外人。

的确，在非原生家庭里，很多家庭成员和我们没有血缘关系，和我们不亲。但是，不要让“非血缘”成为疏远甚至是冷淡他们的理由。既然是在一个屋檐下生活的一家人，我们就应该像亲人一样给予他们充分的尊重和孝顺。对继父或继母的子女，我们也要像亲兄弟姐妹那样给予他们尊重和爱护。对待非原生家庭成员，无论亲疏远近都要一视同仁。

如何与继父母的孩子相处

继父或继母的孩子，虽然和我们没有血缘关系，但同样是我们的兄弟姐妹。我们在和他们相处的时候，其基本礼仪和同胞兄弟姐妹相处时一样，但是有些地方需要特别注意。

和继父或继母的孩子相处，如果是异性之间，举止就不能像亲兄弟姐妹那样随便，一定要懂得避讳。即使关系再好，也要尽量避免身体的接触；在家的时候，衣着不能太暴露；尽量不要擅自进入对方的房间等，以免引起误会和矛盾。

另外，在继父或继母的孩子面前，要格外尊重与他们有血缘关系的亲人。在家里对这些人有意见，不要在继父或继母的孩子面前诉说。

对继亲，不要盲从血缘至亲

很多时候，因为离婚的亲生父母之间有矛盾，爷爷、奶奶、爸爸，与姥爷、姥姥、妈妈这两方血缘至亲就形成了“敌对”的两派。他们会对继父或继母格外挑剔甚至是指责，会放大我们与继父或继母之间的矛盾，以此希望我们站到他们那一边。

这时，我们要看到，亲人的个人情感决定他们对继父或继母的态度。因此他们对继父或继母的评价很多是不客观的，有失公允。

所以，我们不能片面地听爷爷奶奶或姥爷姥爷对继母或继父的评价。在对待继父或继母的态度上，不要选边站，我们要有自己独立的看法和评价，别被血缘至亲情感绑架了。面对爷爷奶奶或姥姥姥爷对继母或继父的批评指责，最好认真分辨，有自己的主见，必要的时

教养金句

是非终日有，不听自然无。

——《增广贤文》

（是是非非总都是有的，你不去理会它也就没有了。）

候要敢于提出反对意见，要求他们实事求是地评价继母或继父。

总之，不要盲目听信血缘至亲对继父或继母的评价。如何对待继父或继母，要有自己的主见。

别随便向亲生父母“告状”

和继父或继母一起生活，难免会发生一些矛盾或误会，自己觉得很委屈。这时，有些人会经常向亲生父母“告状”。

在继亲家庭受委屈，向亲生父母“告状”，这是对继父或继母不尊重的表现。另外，经常向亲生父母“告状”，可能会加大亲生父母和继父或继母之间的矛盾，他们之间的关系可能会因此变得很糟糕。

不管身在什么样的家庭，在家里受委屈是常有的事。要知道，你所受的委屈，不一定是继父或继母等继亲们的错，受委屈的原因可能不在继父或继母身上。

所以，在继亲家庭受委屈，首先要检讨自己是不是有错。然后，多和继父或继母以及相关亲属沟通，千万别事事都向亲生父母“告状”。当然，如果有重大的分歧或矛盾，可以让亲生父母参与解决。

亲乡近邻的礼仪规矩

邻居之间相处的时间一般都比较长，和睦的邻里关系会让大家都觉得如沐春风，水火不容的邻里关系则容易让大家都感到身心疲惫。俗话说“远亲不如近邻”，好的邻里关系是守望相助的基础。与邻居以礼相待、相互关照、相互谦让、和睦相处，是我们应该遵守的礼仪规矩。所以，与邻居搞好关系，文明相处，是十分重要的，下面，让我们学学邻里相处之道吧！

邻居有困难，要主动帮助和慰问

俗话说“远亲不如近邻”。有紧急情况需要帮助的时候，远道的亲戚就不如近邻那样能及时给予帮助。另外，平时邻里之间交往比远亲更多一些，使得邻里之间有了一种甚于远亲的

教养金句

和得邻居好，胜过穿皮袄。

——俗语

感情。可见，邻居家遇到困难，我们要主动去帮助和慰问，这才符合邻里相处之道。

所以，看到邻居需要帮忙，要主动伸出援手；遇见邻居家的老人上下楼梯，应主动上前搀扶；邻居家有人生病或去世，应该及时跟随父母去慰问一下；特别是对空巢、残疾等特殊邻居，一定要多加照顾……当然，对我们未成年人来说，应该按照自己的能力或与家人一起帮助和慰问邻居，从小养成帮助他人、帮助邻里的好习惯。

遇到邻居，要主动打招呼问好

看见邻居形同陌路，或者看见邻居扭头就走，这些都是非常不礼貌的行为。

我们日常见到邻居，一定要向他们打招呼或问好，如：轻轻点一下头，送出一个亲切的微笑，附上一句恰当的称呼，再说一声简单的“您好”，可以让邻居感觉到你是个懂礼貌且热情的孩子。邻里间的感情会因你的这些小小举动变得越来越亲密。

教养金句

隔竹每呼皆得应，二心亲熟更如何。

——北宋·欧阳修

（每次隔着竹墙呼喊邻居都有回应，两家人相处得非常亲热。）

对于老邻居，特别是遇到长辈，应主动上前打招呼问好；遇到平辈，也要热情地问好。对于新来的邻居，第一次看到不仅要打招呼问好，最好再简单地介绍一下自己，让新邻居熟悉你。

在家注意言行，别惊扰了邻居

一个人的素养，体现在他的一言一行。一个懂礼仪的好邻居，总会注意自己的一言一行。

家有近邻，特别是居住在城市里，家家户户一般都挨在一起。如果不注意自己的行为举止，就很容易打扰到邻居，不扰邻也成了我们必须遵守的邻里相处基本礼仪。

所以，不在家大声播放视频、音乐；早出晚归时，走路放轻脚步；在家中养成轻放东西、轻声走路的好习惯；注意自己的说话音量，避免在家大吵大闹；晚上过了 10 点，在家中言行要小心谨慎，尽量避免打扰邻居休息。

对邻居要谦让，做“中国好邻居”

建立良好的邻里关系不仅可以“出入相友，守望相助”，还可以让人心情愉悦，有利于身心健康，反之则令人烦恼，避而远之。和睦的邻里关系是宜居的关键条件，将心比心，试问谁不愿意和一个通情达理、谦逊周到的人做邻居呢？所以，在楼道或者狭窄地方遇见长者，应主动让路，让长者先走；见邻居提、搬重物时，不要与邻居争抢道路，应主动让邻居先走，同时还应主动问

教养金句

为善则预，为恶则去。

——北齐·颜之推

询是否需要帮助。邻里间发生矛盾时，互相谦让包容，平心静气地交流问题，切勿冲动或一味坚持己见，做错事情要主动道歉。对于邻居不合理的要求和做法，采取“有理、有节”的态度妥善处理，必要时可向社区、街道投诉或通过法律手段解决，切不可以暴制暴。

中华民族历来有择邻而居的传统，追求谦虚、礼让、包容、互助的邻里文化。古代有“让他三尺又何妨”的佳话，现在有“中国好邻居”的生动诠释，这些都彰显了中华文明源远流长、历久弥新的优秀传统。

不议论邻居隐私，维护邻居的尊严

与邻居相处，非常重要的一条原则就是尊重别人的隐私，不议论家长里短。

有些人可能是出于好奇，有些人可能是有某种习惯，邻居家门口停辆车，他都要看前看后、问长问短；邻居家来了几个客人，他更是探头探脑、想方设法打探情况；甚至邻居家买点东西，他都喜欢“细心打探”。这些都是非常失礼的表现。

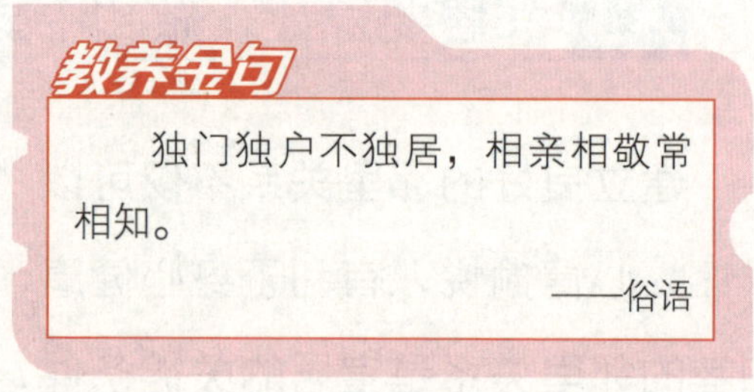

每个人都有自己的隐私，人们都不希望自家的事情完全暴露在别人面前。尊重别人的隐私，也就是尊重别人的人格；尊重别人的隐私，其实也是自尊的一种表现。

平时，不要说邻居的坏话以及议论邻居的隐私。即使看到一些事情，也不能四处宣扬，只要不是原则性的大问题，就当作没看见，要懂得维护邻居的尊严。假如自己有窥探别人隐私的不良习惯，一定要下决心彻底改正。

和邻居关系好，也别随便串门

有些人自以为与邻居关系很好，于是有事没事都喜欢串门。到邻居家后，也不管三七二十一，坐下就说个没完，或玩耍起来不知归家。这种行为其实是不符合礼仪规矩的，应该尽快改正。

人的生活习惯各有不同，生活节奏也各有快慢。我们的突然到访，可能会干扰别人的正常生活秩序，给别人造成不便，会引起邻居的不满。一般邻居，即使住在同一街道、同一楼层，登门拜访也需提前预约。如果真的有事，需要敲门说明来意，邻居请我们进门时才能进去，不要随随便便往邻居家闯。甚至没有正当理由或在不适当的时间（如早上 7 点以前，晚上 10 点以后）去邻居家串门，这都是干扰了别人的正常生活，更是违背礼仪的行为。所以，和邻居关系再好，也别随便串门。

向邻居借东西，要懂得及时归还

和邻居相处，有时难免要向邻居借这借那。要注意的，一是不要频繁地向邻居借东西；二是如果不得不向邻居借东西，借了要懂得及时归还。

向邻居借东西，只能是偶尔为之。频繁地向邻居借东西，邻居也会烦。再者，借邻居的东西用完以后要及时归还，这样，以后再有事情需要麻烦别人的时候，人家才会愿意再帮你。

借用邻居东西时要有礼貌。等主人开门后用请求、商量的口气说明来意，使用时应小心、爱惜，用完及时归还并表达谢意。如果有损坏要说明情况，主动道歉并做出相应的赔偿。最好不借贵重的东西，也不要把邻居的东西转借给他人。

教养金句

我尝有匮乏，邻里能相分。我尝有不安，邻里能相存。

——唐·元结

（我如果有什么缺少的东西，邻居能够分享帮助。我如果内心有不安惶恐，邻居能够和我一起共同面对和分担。）

请客待客的礼仪规矩

孔子说："有朋自远方来，不亦乐乎！"有朋友上门来拜访，或谈心，或问学，或切磋，这是多么开心的事情啊！所以一定要热情接待，恭敬相迎。而作为家里的小主人，如果我们事先知道有客人来访，除了要把屋子收拾干净，备好茶具、饮料、水果、饭菜等，还有哪些具体礼仪规矩呢？

家 有客来，要提前打扫卫生

用杂乱、肮脏的居室待客是不礼貌的。

门口放着胡乱摆放的鞋，客厅里堆满果壳和瓜子皮，家具上落满灰尘，阳台上堆满杂物，厨房里

教养金句

欲扫柴门迎远客，青苔黄叶满贫家。

——唐·刘长卿

（打扫庭院，大开柴门，准备迎接远客。可是青苔黄叶，家境贫寒，招待不好来客，又让主人深感愧疚。）

放着没洗的碗，卫生间里堆着未洗的衣服……客人来做客看到这些景象，一定心情不佳。待客前不打扫卫生，说明主人对客人不够重视，也说明主人不在乎自己给别人留下什么印象，还说明主人生活邋遢、作息没有规律、不求上进。所以，如果家里有客人要来，爸爸妈妈都会将家里的卫生打扫干净。我们在协助他们打扫卫生的同时，也要将自己的“领地”清理一下，例如把自己的卧室收拾干净，将自己的书桌摆放整齐等，和家人一起迎接客人的到来。如果来不及打扫，至少应该把物品摆放得稍微整齐一点。

如果有临时性访客上门，不要当着客人的面打扫房间。

家 有客来，先把仪表整理好

衣冠不整接待来客是极不礼貌的做法。

试想，蓬头垢面地招待客人，客人怎么能觉得主人是真心实意的呢？接待客人时穿着睡衣甚至内衣，客人一定会觉得自己走错了地方，并且不知道目光放在哪里更合适；接待客人时披头散发，牙齿上还沾着食物残渣，一伸手暴露出指甲里黑乎乎的污垢，这样的形象想必主人自己照照镜子都会觉得难为情。

所以，在客人到来之前，我们作为小主人，也要先把仪表整理好。要把衣着穿戴得体，把头发梳理整齐，把脸面收拾干净，用整洁的仪表迎接客人的到来。

客人来访，和大人一起迎接

对于重要的客人和初次来访的客人，爸爸妈妈必要时会亲自前去迎接。作为小主人，我们该怎么做呢？

迎候远道来访的客人，可能是和爸爸妈妈到机场、车站或其下榻之处恭迎。作为小主人，见到客人后，要亲切热情地与其打招呼，以表示对客人的欢迎。

在家恭候客人，在客人到来时，要和爸爸妈妈一起在门口迎接。客人到来后，要笑脸相迎，要热情地和客人打招呼。客人进门后，要帮着爸爸妈妈招待客人，例如招呼客人入座，给客人端茶倒水等。

见到客人，要起立笑着打招呼

我们正坐在家里看电视、写作业，这时，突然传来了敲门声。

原来是有客人突然来访，父母将客人请进家后，见到客人，我们一定要起立笑着打招呼。

教养金句

良宾方不顾，应恐是痴人。

——《增广贤文》

（好客人来了，主人不懂得招呼招待，不管不顾的，这个主人就是笨人、不懂事的人。）

客人到来，如果我们原来在看电视仍继续看电视，原来在写作业仍然低头写作业，原来在玩耍仍然继续玩耍，顶多抬头对客人说一句“××好”，这样的招呼会显得你对人很冷淡，更不足以表达对客人的欢迎、友好、敬重之情，会拉低一家人对客人的热情水平。如果我们去别人家做客，恐怕也不想遇到这样冷淡的小主人。所以，家有来客，一定要给客人热情愉快、温馨有礼的做客体验。

招待客人入座，要按一定的秩序

主人招待客人“随便坐”，似乎显得很大度、很随和、很热诚，其实这样是不合礼仪的。“随便坐”的意思就是哪里都能坐。如果来客不太懂规矩，坐到了主人的位置上，是让他重新坐还是表现得若无其事呢？客人陪同长辈前来，如果让年轻客人坐在了长辈的位置，长辈必然会有

教养金句

我有嘉宾，鼓瑟（sè）吹笙（shēng）。吹笙鼓簧（huáng），承筐是将。

——《诗经·小雅·鹿鸣》

（我有贵客聚华堂，鼓瑟吹笙情欢畅。吹笙鼓簧声清亮，赠客礼物盛满筐。）

受到冷遇之感。让客人随便坐，其实给客人的暗示是“爱坐不坐”，这是对客人的不关心、不尊重。

待客时应将客人请到上座。如果客人是几个人，应将年长和辈分高的人让到上座。如果客人的身份不好区分，可以按照进门的顺序请他们落座。

敬茶，要做好每个细节

按照中国传统礼仪规矩，家里来了客人，一般要给客人敬茶。但是，敬茶礼要做好每个细节才不算失礼。

待客的茶具要完好；倒茶前要洗茶具；取茶时，应该使用专门的瓷勺或竹勺，不可用手抓取茶叶。

中国有“茶满欺人”的说法。因为茶水倒得太满，水容易溢出来，烫到客人的手，或者茶水会泼洒到桌上或地上，这些是非常失礼的。

招待长辈和晚辈时，要按次序上茶，第一杯茶应该先敬给德高望重的长者。不按次序上茶，客人们会认为主人不懂得长幼尊卑，或者会认为主人刻意对某些人表示不屑。如果不知道客人的身份、地位，可以按照顺时针方向敬茶。敬茶时，要把茶杯放在托盘上，双手递上，茶杯应该放在客人右手上方。

敬茶后要及时添茶。向客人敬茶后，当客人杯中茶水剩下三分之一左右时，应及时添水；当茶水颜色变淡时，应为客人换新茶。

有小客人来，要主动陪陪他

当客人到来，招呼完客人后，一般来说，客人有爸爸妈妈陪就可以了，自己可以去忙自己的事了。离开时，要对客人说一下，例

如"叔叔阿姨，让爸爸妈妈陪你们二位聊吧，我就不打扰了"。不能爱理不理，抛下客人扬长而去，这不合待客之道。

但是，假如有和自己年龄相仿的小客人，如客人带着孩子同来，这时，就不能抛下来客让爸爸妈妈陪同了，而是要主动邀请小客人单独到另一边和自己聊聊、玩玩，让大人们聊大人的事。

陪小客人，可以和他谈谈最近的学习或者我们都感兴趣的话题，交流思想感情。还可以和他分享自己的吃食、玩具和图书等。总之，招待小客人要热情、友爱、周到。

教养金句

客来主不顾，自是无良宾。

——《增广贤文》

（客人来了主人不去照顾的话，可能就没有客人喜欢来这里了。）

在客人面前，要顺从家人

在客人面前顶撞父母，或者与父母争吵，这是很失礼的行为，也会制造出紧张、难堪的气氛，让在场的客人感到自己"来得不是时候"。例如，与家人争吵，是将家丑外扬的表现，是把不好的一面暴露在客人面前，有损家庭的形象。顶撞父母，本来就是失礼的行为；在客人面前顶撞父母，说明你没有把他们放在眼里，这对父母和客人都是不尊重的表现。

所以，不论之前和父母相处多么不愉快，都不要在客人面前表露出来。遇到不愉快的事，也

教养金句

家丑不可外扬。

——俗语

不要像火药桶，一点就着。在客人面前，顺从家人，不仅是对客人的尊重，也是对父母的尊重，更是有教养的表现。

客人在座，不可随意打扰客人

无论是多么要好、多么不拘小节的客人来访，都应该尊敬他们，不随意打扰客人。

父母与客人聊天时，千万不要在客人面前跑跳，问东问西，更不能大喊大叫；如果客人的衣着打扮有些特别，千万不要盯着客人看，否则就是对客人的不尊重。客人不可能和我们计较，但受到打扰后就不免失态。这不仅耽误客人和父母的交流，还容易给客人留下“这孩子没家教”的印象。

所以，当客人和父母谈事情的时候，我们不要在家里闹腾，也不要待在一边听他们说话，而要适当回避，主动走开，给大人留下更好的交流空间。

和家人一起，送别客人到门外

客人准备离开时，主人应该婉言相留。如果客人执意要走，也要等客人起身之后，主人再站起来相送。家里来客，父母一般都会热情相送。

送客时，我们要和父母一起把客人送到门口或楼下，并与客人说“再见”“欢迎下次再来”等。如果客人是十分熟悉的好友，还可表示“下次去你家玩”等。

送客不到门外，说明主人在潜意识里早就盼望客人离开。客人有了这样的认识，心里必定不会舒服。所以，送客不到门外，我们对客人的招待就不算圆满。

如果是同学来家里玩，就不用讲究这么多礼节了，可以随便一些。

请 同学朋友到家要事先告诉家人

有时候，我们会有属于自己的小客人来家里做客，例如同学或者朋友到家来玩，招待这样的客人也可以随便一点。要注意的是，请同学或朋友到家做客，一定要事先告诉家人，得到家人的允许才能将客人请进家。

家里来客，自己的招待能力毕竟有限，让爸爸妈妈辅助我们招待客人会更合适。所以，我们想请客人到家做客，要事先告诉家人，一是看家人是否有时间接待我们请的客人，如果来客需要家人一起接待，而家人又没有时间，那么就要改变日期再请客人来家里了，否则会造成招待不周。二是让家人做好准备工作，更周到地接待我们请的客人。

教养金句

在家不会迎宾客，出门方知少主人。

——《增广贤文》

居家仪表的礼仪规矩

居家礼仪，通常是指一个人作为居民所遵循的文明规范，仪表是居家礼仪的一个重要方面。在家里，虽然是私密的空间，我们在仪表方面可以随意一点，但是，由于有其他家庭成员的存在，所以在仪表方面，我们必须要遵守一定的礼仪规矩，这样才能称得上讲礼仪的好孩子。

和家人在一起，请多一些微笑

在家里，可能是因为和父母或老人缺少太多的共同语言，也可能是偶尔因为小事发生矛盾和家里人闹得不愉快，还可能是因为嫌弃家人太啰唆，有些小朋友总会板着脸，一副不开心的样子。

用不好的脸色对待家人，不仅是自己仪表上的失态，更是对家人的失礼。其实，和家人在一起，有一些不开心的事是正常的，但是，不要把不良情绪写在脸上。不管内心有多么不开心，那都是暂时的，很快会过去，要对家人多一些微笑。当家人看到我们的笑脸，可能矛盾冲突会少一点，啰唆也会少一点了。

记住，当我们给朋友一个微笑，会让友情维系得更紧密；当我们给家人一个微笑，会让家庭更温馨。

在家着装，要舒适更要得体

有些小朋友以为，居家装束其实没什么讲究，在家时衣着随意、简便才舒适。但是任何时候、任何地方，人的着装都有一个统一的要求，那就是“得体”。也就是说，在家里的着装，在“随意、舒适、简便”的同时，也需要“得体”。

教养金句

儿大避母，女大避父。

——俗语

那么，在家着装，要注意哪些礼仪规矩呢？

家里有异性兄弟姐妹，在家着装为求舒适可以“随意”“简便”，但是不能过于暴露。例如，在家穿着小裤衩，或者光着膀子等，这些都是不文明的行为。即使是家里的独生子女，家里也有爷爷奶奶、爸爸妈妈，随着自己逐渐长大，衣着过于暴露也是不太合适的。

需要特别注意的是，在家要将衣服穿“整齐”，其实这与衣着“随意”“简便”并不冲突。因为“随意”“简便”多指衣服的款式，如在家穿休闲装、睡衣或比较朴素一点的衣服。“整齐”指穿衣的态度和方式，也就是说不管穿什么，不能歪歪扭扭和袒胸露腹，要把衣服穿好。

家有来客，居家穿衣要有不同

在家可以穿着随意一点，但是，家里有客人来，穿着就不能太随意了。

家里有客人来访，一般来说，稍微穿戴整齐一点迎接客人就可以了。但是，当非常重要的客人来家里做客时，应该穿得正式一点，以此表示对客人的尊敬。

任何时候都不能穿拖鞋和睡衣招待客人，因为这是对客人不礼貌的。即使是客人突然来访，而我们正穿着睡衣，也一定要换上正式一点的着装招待客人。在夏天的时候，如果家里有客人来，特别是女生，一定要及时换下“透”“露”的居家衣服，穿戴整齐后再出来招待客人。

可见，当家里有了外人，我们在家的衣着就不能那么随意、简便了。

蜗居在家，洗脸、刷牙、头梳好

待在家里，好像生活都可以随意一点，典型的情况就是“三不”：不洗脸、不刷牙、不梳头。因为不出门见同学朋友，所以也不顾自己的形象了。

在家里，虽然没有外人，但是，家里有爷爷奶奶或外公外婆，有爸爸妈妈，还有兄弟姐妹，甚至还有其他家人。在家人面前，我

们的形象也不能太糟糕，否则就是对家人的不尊重。因为当大家坐在一起聊天、吃饭的时候，我们一脸的倦容、满嘴的异味、蓬乱的头发，家人会不会因此感到不适呢？因此，在家一定要把脸洗干净，早晚要刷牙，把头发梳理整齐。这几件事是偷懒不得的。

要记住，家不是我们一个人的家，它是全家人的家。所以，在家洗好脸、刷好牙、梳好头，洗漱干净和家人待在一起，不仅是个人卫生问题，也是对全体家人的一种礼貌行为。

在家装扮，特殊的日子要特殊

在家时的仪表，特殊的日子一定要特殊对待，例如，春节、国庆节和中秋节等重大节日，家人生日当天、父亲节和母亲节等。在这些特殊的日子里，衣着都不能随意。节日里穿戴整齐，一是庆祝节日，二是随时招待到访的来客，所以着装不仅不能随意，还要着意打扮一下自己才好。每逢家人生日、敬老节、父亲节和母亲节等这些日子，穿戴整齐和家人一起庆祝节日，证明我们特别重视这个日子。尤其要提醒的是，遇到先人的祭日，着装一定要庄敬，不能穿一些花里花哨的衣服，这是对先人的尊重。用庄重的姿态对待家人，给予属于他们的祝福或祭奠，不仅是对家人的温情流露，更是对家人的极大尊重。

教养金句

君子之修身，内正其心，外正其容。

——北宋・欧阳修

（君子要修身养性，首先要修养内在的品德，同时要注意外在的仪表。

居家行为的礼仪规矩

居家行为礼是对一个人居家行为举止的规范，是居家礼仪规矩的一个重要方面。家庭成员之间关系的和谐和亲密，家庭的快乐和幸福，离不开每个家庭成员对居家行为礼的遵守。所以，作为未成年人，从小就要养成遵守居家行为礼的好习惯，为维护美好家庭出力。

拥抱家人是家庭最暖心的表达方式

父母常把我们抱在怀里，托在肩头，背着抱着总也不嫌累。但是在我们的怀抱里，却鲜有父母的位置。

拥抱，毫无疑问是一种表示亲密关系的行为，深情的拥抱蕴含着深沉的亲密情意。两个感情至深之人，无论是父母

教养金句

重资财，薄父母，不成人子。

——清·朱柏庐

与子女，还是祖辈与孙辈，也无论是朋友之间，一个深深的、长长的拥抱，胜过无数苍白的语言。深情的拥抱中，是满满的幸福感。深情的拥抱，是向家人表达爱的最好方式之一，是对家人最暖心的行为礼。

所以，当父母出门上班的时候，当父母下班回来的时候，当和父母久别重逢的时候，我们不妨给他们一个深情的拥抱；当父母操持各种家务，在做饭、洗衣的时候，我们不妨给他们一个深情的拥抱；当和父母闲坐在一起的时候，也可以时不时地给他们一个拥抱……以此表达对父母的安慰、感谢和认可。

进出家门，要和家人打招呼

打招呼是人与人之间沟通的基本礼貌。在面对父母的时候，我们习惯他们的存在，进出家门忘记和他们打招呼，这是极其错误的。我们应该记住尊重父母是为人子女的义务。简单地和父母打一声招呼，也是显示自己对他们的爱。所以，进出家门与父母打招呼，能体现我们对爸爸妈妈的尊重，同时也可以让父母了解我们的行踪，以免他们担心。

有些小朋友认为进出家门与父母打招呼很麻烦。但只要把家人放在心上，就会觉得这是一件很简单的事情。

出门时告诉父母自己要去哪里，什么时间回来。如果父母不在，可以打电话或留言，告诉他们自己的去向。回到家后和父母说一句“我回来了”，如果能同时给家人一个拥抱，那就更好了，这表示对家人的尊重。

可见，我们没有理由不和自己的父母打招呼。一声“我回来了”，可以让家里充满人情味儿；一声“我走了”，可以让父母安心地等待我们回家。

进家人的房间，一定要敲门

“什么，在家里还敲什么门？”有些小朋友以为，因为都是自家人，进父母等家人的卧室自己没有必要敲门！其实这种想法是不对的。要知道，进家人的卧室，敲门是规矩！

门里面藏着人的隐私，“门”就是边界，即使在家里，每个人也有自己的隐私权。“入门”就是进入别人的私人之地，非请莫入，这是基本的礼貌，也是对人尊重的表现。如果父母房间的门关着，想进去要先敲门，得到允许才能进。兄弟姐妹的房间，更不能不敲门就随意闯入。

一般来说，进家人房间时，不论房门是开或关，都应当用手指关节轻轻叩门，得到允许后再进入，不可贸然进入。

当然，家人进我们的房间时，也应该敲门，也不可以任意而行。

家里开、关房门，动作一定要轻

在家里，进出房门时有很多礼仪细节需要注意。不论进出自己的房间还是家人的房间，都要轻开、轻关。特别是关门，不要用力过大。猛地关门，声音过大，会影响甚至惊吓到家人。开门，一定不要让门撞到后墙；关门，一定不要让门猛撞门框。这样，

教养金句

不以规矩，不能成方圆。

——《孟子》

就不会发出很大的声响了。

开、关门时，不能用肘推、脚踢、臀拱、膝顶等方式，否则很容易发出巨大的声响。所以，一定要手拉门把手轻轻地开、关门。

前面说进入家人的房间要敲门，如果家人的门是关着的，出来时记得顺便把门关上，手脚动作要轻。

不要在家里打闹和喧哗

我们知道，在公共场所不能打闹和喧哗。因为打闹和喧哗是很不文明的行为，会打扰别人。其实，家里有老人，有父母，甚至还可能会有舅舅、伯叔和兄弟姐妹等人，家也是一个“公共场所”，所以不能随便打闹和喧哗。

因为有的家人可能在休息，有的家人可能在学习，还有的家人可能在工作，家里空间相对狭小，你的打闹和喧哗会打扰到家人。另外，家里的老人一般喜欢安静，他们往往更不喜欢打闹和喧哗。

当然，在家里，如果家人都愿意在一起打打闹闹玩一玩，这时候因为不会打扰到家人，就可以尽情地和家人打闹与喧哗一番了。

在家里，要注意维护卫生

家里的主要家务，可能由爷爷奶奶、爸爸妈妈完成，都是他们负责打扫的。

我们作为家里的一员，应该力所能及地为家人分担一点家务。再者，要注意维护家里的卫生，不给家人增加家务负担。有些小朋友在家里不注意“环保”，不经意成为家里卫生的“破坏者”，例如把脏东西带回家、随便扔垃圾等。最终还是父母等家人帮忙收拾干净，这给他们造成了不必要的家务负担。

所以，当家人把家打扫得干干净净的时候，我们要懂得维护卫生、维护家里的清洁环境。脏东西不往家里带、垃圾不随便扔、鞋

脱下不随便丢；地板脏了，自己动手拖干净；帮着家人做好垃圾分类；垃圾桶满了，可以帮家人倒一倒……我们要以实际行动维护家里的卫生，维护和尊重家人的劳动成果。

教养金句

黎明即起，洒扫庭除，要内外整洁。

——清·朱柏庐

家人的私人物品，不能随意翻动

我们知道，随便翻拿别人的东西是不尊重别人、没有礼貌的表现。被很多人忽视的是，这里的“别人”也包括我们的家人。也就是说，随意翻动和使用家人的私人物品，也是不尊重家人、对家人没有礼貌的表现。

虽然是一家人，但是每个人都有自己的隐私，特别是成年人，所以随意翻动家人的东西，是对家人的不尊重。

随便私自拿走家人的东西，会使东西的主人要用时因找不到而着急，造成麻烦，耽误事情。因此，这种行为是不为家人着想的不礼貌行为，也是不守规矩的表现，是不应该的。

如果确实需要使用家人的私人物品，必须要得到家人的允许，而且用完后要及时归还。

让我们在家就养成不随便拿别人东西的好习惯，做一个守规矩、有礼貌的人。

在家里，不能随意躺卧

在现实生活中，随便躺卧是很多小朋友的家常便饭。放学回家打开电视，就在沙发上一瘫，一副颓废的样子。特别是在客厅区域，如果有家人在，这样随随便便地歪躺在沙发上，完全站没站相，坐没坐相，是很不文明的行为，也是对家人的不尊重。同时，我们也是正在长身体的时候，这种坐卧姿势不利于身体健康成长，如果经常这样躺卧，就会造成脊柱弯曲等问题。

教养金句

颓惰自甘，家道难成。

——清·朱柏庐

（我们颓废懒惰，自甘堕落，执迷不悟，这就很难成就家道，家业难成。）

《童子礼》指出，凡是坐，上身要保持正直，合双手，收敛双脚，以示敬意。身体不可东倒西歪、前俯后仰或倚靠物品，这种身姿不仅不美观，并且影响身体的发育，长久以后，容易出现颈椎、腰椎等方面的疾病。此外，如果与别人同坐时，不要横臂、张腿、箕坐，不要跷腿、抖腿，不要将腿伸到别人腿脚处。这些都是违背礼仪的。古人说：“天下大事必作于细，天下难事必作于易。”我们要想成为知书达礼的人，一定要从一举一动的小事做起。

家庭用餐的礼仪规矩

守礼仪规矩，要从日常细微处做起。而吃饭，不仅是要填饱肚子而已，更是体现一种文化，是培养良好礼仪教养的开始。所以，吃相不仅要雅观，不能抢着吃，更要懂得尊老让幼，请别人先吃。懂得尊敬与谦让，是良好教养的基础。

用餐前，要端饭端菜拿餐具

每次在家吃饭的时候，是不是饭菜都摆在餐桌上，你坐上餐桌就开始吃了呢？如果每次都是这样，就要想一想了：饭菜是家人在厨房做出来的，包括碗筷餐具，肯定需要人拿到餐桌上，在家每次用餐，你端饭端菜拿餐具了吗？

实际上，在用餐前，我们和家人一起到厨房里端菜端饭，拿拿餐具并在餐桌上摆好，这也是家庭用餐基本的礼仪之一。

在帮忙的时候，要注意安全，做一些力所能及的事。有的汤菜容易泼洒烫着自己，我们尽量不去碰它。我们可以盛米饭、拿馒头、拿汤勺和筷子。家里几个人，记得盛几碗饭，拿几双筷子，米饭和筷子不要多盛多拿。

值得特别注意的是，盛饭须先在锅里把饭打松，盛在碗里的饭应是粘连的散粒，不能有团团、块块。盛饭宁浅毋满，可以再添却不能一次盛得高出碗口。

家庭用餐，坐在自己该坐的位置上

前面说过，我们身为小辈，在家座位不能“越位”。餐桌的座位有主次尊卑之分，所以，作为家里的小辈，在家用餐时，应该把尊位让给爷爷奶奶、爸爸妈妈等长辈，自己坐在末位上。

中国饭桌上的座次是“尚左尊东”“面朝大门为尊”。如果是圆桌，则正对大门的座位为尊位。家里的餐桌座位哪个是尊位，哪个是末席，不同的家庭，因为桌子的样式不同而不同。地域不同，座位的尊卑也有一定的差异。例如，中式餐桌一般以八仙桌为主，在安徽有些地方，靠墙或靠中墙的一方为尊位，家里年纪最长的人一般都坐在这个位置；小孩子可以坐在尊位的两边，或者坐在尊位对面。

> **教养金句**
>
> 夫礼之初，始诸饮食。
>
> ——《礼记》
>
> （礼仪制度和风俗习惯，始于饮食活动。）

现在，很多家庭都用西式餐桌。一般来说，受到干扰小、视野开阔的位置是尊位。而作为小孩子的我们，安全、上下方便、不会干扰到家人的那个位置，就是我们的用餐位置。

作为家里的小朋友，家人安排我们坐在哪个位置，我们就坐在哪里，不要随意窜位。

得到这些“信号”，才能动筷子

在家用餐，不能一坐上餐桌就开始吃，这样是不礼貌的，也是没有教养的行为。因为在餐桌上什么时候动筷子，是有规矩的。

一般来说，和家人一起用餐，不能抢在长辈的前面开始吃，应让爷爷奶奶和爸爸妈妈先动碗筷用餐。只有听到他们说 “大家一块吃吧”，我们才可以开始吃。或者看到他们动筷子了，我们才可以动筷子。没有这两个“信号”，我们最好“按兵不动”，否则就是失礼了。

吃有吃相，注意用餐姿势

中国自古就很讲究吃，餐桌礼仪要求大家做到坐有坐相，吃有吃相。我们就来说说在家保持一种怎样的“吃相”才算懂规矩吧。

用餐时，应该端坐在餐桌边。吃饭要端起饭碗用筷子夹饭送进嘴里，不能用嘴靠着碗边拨饭吃，更不能把碗搁在桌上低头扒饭。用手端起碗，大拇指扣住碗口，食指、中指、无名指扣碗底，手心空着。端碗伏在桌子上对着碗吃饭，不但吃相不雅，而且压迫胃部，影响消化。喝汤时，用汤匙一小口一小口地喝，不宜把碗端到嘴边喝。感觉汤比较热时，不可用嘴将汤吹凉，可稍等片刻再享用。

不能张开大嘴，狼吞虎咽地将饭菜大块往嘴里塞；更不能在夹起饭菜时，伸长脖子，张开大嘴，伸着舌头用嘴去接菜；一次不要放太多的食物进口，不然会给人留下一副馋相和贪婪的印象。打喷嚏或咳嗽时用手挡住嘴，不要让唾沫飞溅。

嘴角沾有饭粒，要用餐巾轻轻抹去，不要用舌头去舔。如果要咳嗽、打喷嚏，要用手或手帕挡住嘴，并把头向后方转。

用餐时，最好不要出声

在日常生活中，有一句话我们都耳熟能详，就是“食不语”。嘴里含一大口饭菜，一边咀嚼一边讲话，饭菜沫很容易喷出来，有

时甚至从鼻子里喷出来，不仅不雅，还十分不卫生；吃饭时说话，饭菜容易呛入气管，造成危险。所以，吃饭时最好不要与别人交谈，确实需要与家人谈话时，应轻声细语。

教养金句

食不语，寝不言。

——《论语》

（吃饭的时候不谈话，睡觉的时候不言语。）

有的小朋友吃饭喜欢用力咀嚼食物，特别是使劲咀嚼脆食物，嘴里发出“叭叭”“呱唧呱唧”的声音，这种是不合礼仪要求的。

有些食物，例如花生米，咀嚼起来声音难免比较大，我们可以紧闭嘴巴嚼慢一点，这样就不会发出较大的声响了。食物要闭嘴咀嚼，细嚼慢咽，这不仅有利于消化，也是餐桌上的礼仪要求。

不要挑食，更不要浪费食物

有的小朋友看到餐桌上的饭菜不适合自己的口味，会随口说“唉，这些菜都是我不喜欢吃的”或者“这些菜都不好吃”。其实，这是不尊重家人劳动的话语，因为菜不是做给我们一个人吃的，家里每个人的口味都不一样，家人辛辛苦苦做出来的菜，不管适不适合我们的口味，都要肯定家人的劳动成果，这是一个人基本的教养。另一方面，挑食本来就不利于身体健康，是一个不好的习惯，要积极

教养金句

衣不求华，食不厌蔬。

——北宋・王安石

（穿衣不求华丽，饮食不嫌清淡。）

改正。

所以，在家用餐的时候，不仅不能挑食，还要将饭吃得颗粒不剩。即使觉得饭菜不好吃，也不能把自己吃过或咬过一口的菜放回菜盘里，更不能因为饭菜不合口味，就剩在那不吃。如果饭菜实在不合口味，可以少盛一点，避免剩下造成食物浪费。

在家用餐要注意，夹菜添饭规矩多

不要用粘着许多饭粒的汤勺或筷子去夹菜，这样会把饭粒弄到菜盘里，很不卫生。夹菜时，应从盘子靠近或面对自己的盘边夹起，不要从盘子中间或靠近别人的一边夹起，更不能用筷子在菜盘子里翻来倒去地“寻寻觅觅”。眼睛也不要总盯着菜盘子，一次夹菜也不宜太多。喝汤时，放下筷子拿汤勺。盛汤时，应该用饭碗接住，避免汤水洒到桌子上。

教养金句

轻而多取，吾宁寡而俭用。

——北宋·司马光

（轻易地得到，使用很多，但我宁愿只有很少量但是节俭地使用。）

不能看到自己喜欢吃的那道菜，就只顾着吃那道菜，甚至抢着吃那道菜。有的小朋友干脆把盘子端到自己面前，大吃特吃，不顾及同桌的父母和他人。这是极没礼貌、极自私的表现。如果盘中的菜已不多，我们又想把它“打扫”干净，应征询一下同桌人的意见；别人都表示不吃了，才可以把它吃光。

在吃饭过程中，如需添饭，应尽量自己添饭，并应该主动给长辈添饭、夹菜。遇到长辈给自己添饭、夹菜时，要道谢。添饭尽量少盛多添，避免吃不下造成粮食的浪费。

食物残渣，不要乱吐乱放

吃饭过程中，嘴里乱吐东西是十分不礼貌的行为。那么，吃饭时遇到骨头、鱼刺、菜渣，怎么处理才算不失礼仪?

在餐桌上，遇到骨头、鱼刺、菜渣，不要直接吐到桌面上或地面上，要用筷子或手从嘴里取出来，直接放到食物残渣盘里，不能乱七八糟地摊放在桌面上。

吃饭嚼到沙粒或嗓子里有痰时，要离开餐桌，找到家里的垃圾桶再吐掉。

注意座位和桌面的整洁。不要把饭粒和菜肴掉到桌上，弄得自己座位前一塌糊涂。

吃完饭后，要将吐出的食物残渣放到不用的饭碗里，方便家人或自己餐后收拾餐桌。

吃饭须专心，不要随便离开座位

有些小朋友吃饭时，常常吃到一半甚至吃了几口就离开座位，下去走走或者看看电视又再次回到座位。其实，随随便便离开饭桌，边吃边玩，是缺乏教养的表现。所以，我们在吃饭时，要端坐在饭桌边，专心用餐，不要在中途停下来做其他的事。

在自己吃饱后，不能一声不响就离开座位，应该向家人说：“我已经吃饱了，你们慢慢吃。”经过父母、长辈同意后，再离开座位，这才是懂规矩的孩子。

用完餐，帮着家人收拾碗筷

在家用餐后，最好帮着家人收收碗筷，打扫一下餐桌，做一些力所能及的家务。

一顿可口的家常饭菜，往往是爸爸妈妈或爷爷奶奶辛辛苦苦付出的结果。在我们大快朵颐之后，他们还要去收拾碗筷和打扫卫生，其中的辛劳可想而知。所以，一个懂事的孩子，在用餐后会帮家人收收碗筷、打扫打扫卫生。

用完餐，帮着家人收收碗筷应该成为我们必做的家务之一。即使功课时间很紧也要去做，何况收收碗筷也费不了多长时间。

物品收纳的礼仪规矩

生活中的收纳，就是将物品放到合适的位置或地方，让生活空间变得更整洁。在家里，有些小朋友会对收纳物品不屑一顾，认为那是爸爸妈妈做的事，所以，他们的房间总是乱七八糟。其实，在家学会收纳，不仅是作为家庭成员应承担的家务责任，更是生活必须遵守的礼仪规矩。让我们要从小养成收纳的好习惯，把物品摆放得整洁有序，把房间收拾得干净明亮。

自己的物品，自己收纳

随着年龄增长，我们的衣服、玩具、学习用具等物品会越来越多，家里可能到处都会摆着我们的东西。家人偶尔会帮自己收拾一下，但是不久我们的东西又会被自己扔得到处都是。

随着我们逐渐长大，我们的物品不能完全依靠家人帮我们收纳，自己的物品要自己收纳。自己的物品在家里随意摆放，不仅对家人不尊重，被外人看到，还会让人产生邋遢（lā ta）的不良印象。

教养金句

治乱绳，不可急。

——东汉·班固

（要想解开犹如一团乱麻般的绳子，着急是做不好的。）

其实，物品的收纳很简单。书籍、衣服、学习用具等常用的物品，为了方便拿取，可以将角落空间打造成集中型的小收纳区。在收纳区，可以自己动手安装一个小书架或者玩具收纳储物格，落地放置。有些物品不常用，可以将其放在床下，或束之高阁。

总之，自己的物品尽量自己收纳，少麻烦家人，这才是有教养的孩子。

日常用品，一定要摆放有序

一个人能将日常用品有序摆放，体现的是一种能力和素养。所以，我们从小就要养成这样的好习惯。

为书包找一个位置，以后一直放那里。常看的课本、课外书籍和报刊要整整齐齐地放在书架上或指定位置。

给玩具找一个固定的“家”，例如可以让爸爸妈妈买一个收纳箱专门放玩具，或者在家专门划定一个方便的角落堆放玩具。

固定自己拖鞋的放置地点，进家不能乱穿鞋，不能光脚走，更不能把拖鞋弄得找不到。脱下的衣帽鞋袜等，一般爸爸妈妈都安排有指定的存放位置，千万不要就地摆放，或东一只西一只地乱扔。

检查自己的衣服，脏的衣服放入洗衣机，干净的衣服放入衣柜，不要到处乱放；固定一个临时衣服放置处，用以放置在家脱下的衣物，且摆放要整齐。

床上只保留被子、枕头、毛绒玩具，不要将书籍、零食等放在上面。

为洗漱用品找到固定的放置地点。例如，牙膏、牙刷固定摆放在洗漱台上，沐浴露、洗发水放在洗澡间的置物架上。

物品使用后，要及时让它们“归位”

前面说过，日常用品一定要摆放有序。也就是说，日常用品都会摆放在固定的位置上，这样家里才会显得整洁。所谓归位意识，顾名思义就是指将东西归还原位的意识，所以物品“归位”的前提是要摆放有序。

如果缺乏归位意识，一个人就无法养成良好的秩序感。所以，在家里，东西使用后，我们要将其放回原来的位置，保持家里东西的整齐摆放。例如，书本、文具和玩具用后放回原来的位置；在家劳动时，抹布、扫帚、簸箕、拖布等保洁用品用过后，要收拾干净放回原来的位置上，不可随处乱放。

随时留意家里有没有不小心乱放的物品，如果有，随手送它们回原处，形成良好的秩序感要从一点一滴做起。

书桌上的东西，要井然有序

书桌是我们在家学习的主要“阵地”，所以，这个“阵地”不要被与学习无关的东西侵占了。

我们的书桌桌面上除作业、笔筒、台历、水杯及电脑外，不得摆放其他与学习无关的物品。电脑的一边可以放台历、笔筒及水杯等学习辅助物品，一边整齐码放课本、作业和稿纸等主要学习资料，书桌上的物品摆放要井然有序。

学习前整理一下书桌，如果有和学习无关的物品，立即把它们整理回原位。学习时，拿出文具盒和相应的各科作业本、书和练习册等，按写作业顺序整齐地放在书桌左边，写完一本就放右边，同样保持整齐。学习完，收拾文具盒，把作业本和书整齐放入书包，恢复桌面原状。

有异味的鞋袜，不能一脱了之

有些小朋友总会有这样的坏习惯：回到家将充满异味的鞋袜脱下来，随意丢在门口或客厅，让整个家充满脚臭味。最后还是家人把它们拿回卫生间洗干净。

有异味的鞋袜随便扔，这不仅污染家里的环境，还是对家人的不尊重。所以，回到家里，发现自己的鞋袜有异味，尽量别让异味在家里扩散，最好是自己及时将其清洗干净。实在不能及时清洗的鞋袜，也不要放在门口或客厅等地，而是要将其放在卫生间、洗漱间；臭味严重的鞋袜，可以用塑料袋包裹起来放置，自己清洗或让家人帮助清洗。

在家里，把有异味的衣物收纳好，既是尊重家人，也是对家里环境的爱护。

贴身衣物，别在家里随便放

在家里，爸爸妈妈一般将我们的衣物都放在衣柜里。我们要注意的是，在穿着过程中，有些衣物要特别注意，例如贴身衣物，千万不要乱放。

贴身衣物直接接触我们的皮肤，如果乱放，可能会沾染细菌，引起皮肤瘙痒或其他疾病。

教养金句

轻者重之端，小者大之源。

——东汉·陈忠

（严重的事都是以轻微的事为开端的，重大的事都是以微小的事为源头的。）

特别要注意的是，像内裤这样的贴身衣物，如果在家里乱放，不仅涉及卫生问题，还会有碍观瞻。内裤和其他贴身衣物相比，是极其隐私的贴身小物件，所以不要乱放，尤其不要放在沙发等显眼处，更不要放在餐桌上。脏的内裤，要单独放在待清洗的地方，不要和其他衣物一起堆放。即使是干净的内裤，也不要和其他衣物放在一起。可以买一个内裤收纳盒，每条内裤洗干净晾干后，折叠好放在一个一个的格子里，然后再放进衣柜里或者抽屉里。这是比较干净卫生的方法，而且取用也很方便。

女生私人用品不要随便放

我们渐渐长大了，特别是女生，难免会使用一些特殊的用品，例如在生理期使用的护垫等。这里提醒女生要注意了，自己使用的像护垫这样的女生私人用品，不要在家里随便摆放，而要找一个隐蔽的、固定的且干净卫生的地方存放。

护垫的使用，虽然是正常的健康生活行为，但这毕竟是涉及女生隐私的防护用品，女生在注意卫生的同时，还要注意观瞻。要收纳好这些私人用品，不要将它们长时间放在客厅的沙发上、茶几上等容易被家人看到和碰到的地方。

教养金句

天下难事，必作于易；天下大事，必作于细。

——春秋·老子

（天下的难事，一定是由容易的事情演变而成的；天下的大事，一定是从细小处开始累积的。）

可以将护垫这样的女生用品放在一个专门的收纳盒里，或者放在抽屉里。这是比较干净卫生的收纳方法，而且取用也很方便。

家庭祝福的礼仪规矩

祈福，祈求赐福的意思。在日常生活中，我们会经常遇到，生日祝福、新年祝愿从某种意义上说都属于祈福的一种。这是对生活的美好向往，或者是对他人的衷心祝愿。祈福有很强的仪式感，自然也离不开一定的礼仪规矩。但是你知道吗？在家庭生活中，祈福是有很多规矩的。

在节日里，一定要给家人送祝福

祝福他人，其实也就是在给他祈福。在家里，特别是在节日里，一定要将祝福送给家人，为家人祈福。

一般来说，元旦、春节和中秋节等这些重大的传统节日，在向同学、亲友祝福的同时，可别忘了先祝福爷爷奶奶、

教养金句

三十、四十无人得知，五十、六十打锣通知。

——俗语

外公外婆和父母。例如，向他们说一声：“祝爷爷奶奶（外公外婆）身体健康，万事如意！”“爸爸、妈妈，新年好！”在父亲节、母亲节之际，应给父母送上一件有意义的小礼物，献上深切的祝福：“爸爸，祝您工作顺利、事业成功！”“妈妈，祝您快乐，永远年轻、漂亮！”在重阳节，要为家里的老人送上祝福：“祝爷爷奶奶身体健康，长命百岁！”

在特殊的日子里，给长辈带去一份祝福，这是晚辈对他们尊重的主要表现之一。

春节贴对联，要注意这些禁忌

通常，对联上写的都是吉祥话。从节庆礼仪上说，贴对联也是祈福的一种形式。另外，春节贴对联是我国传统的习俗，春节要是不贴对联就感觉不吉利。所以，过春节的时候，我们会帮家人贴对联。可是，贴对联有一些禁忌你知道吗？

首先要区分门的上下首。在面对大门时，右手方向为上首，左手方向为下首；贴对联时，上联贴上首，下联贴下首。贴春联最好是在除夕早上 6 点到中午 12 点之间。把旧春联撕破，表示除旧布新，破除不好的霉运。

另外，无论在贴春联

教养金句

千门万户曈曈（tóng tóng）日，总把新桃换旧符。

——北宋・王安石

（家家户户一派阳光明媚，喜气洋洋的喜庆气氛，都把门前的旧桃符换上了鲜艳的新桃符。）

的过程中还是贴好之后，都要注意，大门上的福字要正着贴，有“迎福”和“纳福”之意，而且大门是家庭的出入口，所贴的福字，需端庄大方，郑重不阿。

家人生日，第一时间送去祝福

生日，顾名思义，就是出生的日子。这一天，人们来到这个世界，是幸运的。所以，这一天被称为“生辰”或者“寿诞”。生日是人生中极重要的日子，甚至不亚于一些传统的节日。一般来说，在家人生日到来时，要提前订购蛋糕，组织筹划生日的庆祝活动。生日当天，早晨第一时间向家人表达生日祝福，或送上生日礼物。如果家人在外地，一定要打个电话或发信息祝生日快乐。

小朋友为家人准备的生日礼物，心意到了就好。很多时候，自己制作一些别具新意的礼物，更能给他们带来惊喜。例如，用照片

精心制作一个视频，把想说又当面说不出口的话录入视频，生日当天播放给他们看，可能会让家人非常感动。

传统祭祀日，行为举止要庄重

按照中国传统，除夕夜、清明节和中元节等日子，是传统祭祀日，家家户户都会组织扫墓、拜祭祖先等活动。一是缅怀和感恩祖先，二是祈求祖先给一家带来平安和好运。

教养金句

凡人之所以贵于禽兽者，以有礼也。

——《晏子春秋》

（人之所以比动物高贵，是因为人有道德礼节。）

现代人出于环保意识，在祭祀祖先的时候，尽量少烧纸钱、鸣放鞭炮。很多人祭祀先人时，送上菊花表达思念之情。菊花自古有怀念的含义，特别是白色菊花是非常合适的，还可以搭配一些绿草，例如百合、

绿叶、康乃馨等，会更漂亮。还可以带一些水果、糕点、酒等供品祭奠先人。

在墓地前祭拜先人时，不要跨过坟墓及供品，更不要大声喧哗、嬉笑怒骂和使用污言秽语，否则是对先人不尊敬。不能对墓穴设计评头论足，否则会被视为亵渎先人。

和家人一起祭拜先人时，行为举止要庄重严肃。可以将自己美好的愿望诉说出来，以此激励自己在实际生活中努力实现。

学校是我们主要的学习、生活场所，学校里的老师、同学等是我们最重要的“朋友圈”。学习和遵守校园礼仪规矩，不仅能让我们对文化知识的学习有良好的态度，还能让我们养成良好的品德，成为德才兼备的人。

这部分详细地讲述了在学校要遵守的礼仪规矩，立足学校生活实际，通过场景化、细节化对我们在学校的言行进行全方位指导，内容通俗易懂，让我们一看就懂，一学就会，成为学校里知书达理的好学生。

学生装扮的礼仪规矩

讲究仪容仪表是一个人内在素质的基本体现，同时，这也是与人交往的礼节要求，体现了对别人的尊重和礼貌。学生在校期间的仪容仪表不仅直接关系到学校的精神面貌和整体风尚，有助于展示学校向上的精神面貌，还与学生今后的性格形成和人格养成有必不可分的联系，对中华民族优良传统的继承和发扬起着不小的作用。所以，学生的仪容仪表一定要符合自己的身份和特点。

学生的仪表，要从“头”做起

发型对一个人的仪表有非常重要的影响，所以，人们在修饰自己仪表的时候，会在头发上下很大功夫。个别同学以为，留一个奇怪发型，会显得

教养金句

只有貌美而缺乏修养的人是不值得赞美的。

——近代·培根（英国）

很酷，能彰显自己的个性。可是，这虽然能显示出与众不同，但是不合学校礼仪。

在学校里，除了外国学生或少数民族学生外，一般来说，男生

不留长发，不理过于张扬的发型。男生的头发应该常修剪、常清洗，保持干干净净，长度不能太长。男生留长发，容易缺少阳刚之气；男生的个性发型，很多时候是“愤世嫉（jí）俗”“不合群”“古怪”的标签，容易被别人误解。所以，男生千万不要在发型上追求与众不同，应根据自己的脸型和发质来设计一个符合自己学生身份的发型。女生发型应尽量为短发，长发超过衣领必须扎起，不准留披肩发。女生不要烫染头发，头发上的装饰也不要太花哨，否则会显得艳俗。

学生有没有良好的仪表，头发是重要的评判部位之一。所以，我们良好的仪表，应该从“头”做起，让发型自然、简便、整齐，显示出朝气蓬勃的精神状态。

学生，要注意自己的形象

从上小学一年级开始，同学们每天往返于学校和家之间。大家想想，当我们步入校门和离开校门的时候，注意过自己的形象吗？千万不要以为自己是学生，形象就不重要。我们每天要面对的是我们的同学、老师，如果太不注意自己的形象，久而久之，就会在别人的眼里形成邋遢的“深刻”印象，一时也难以改变。所以，我们身为学生，形象要符合学生身份和学校要求，衣着、举止得体，温文尔雅，积极向上、知书达理，这是对老师、

教养金句

身躯凛凛，相貌堂堂。

——元末明初·施耐庵

（身躯威武，仪表端庄帅气，举止大方。）

同学的尊重，也会使学校这块教育圣地显得更加神圣。

现在不少学校的教室楼前都会放一块“正衣镜”，就是希望同学们进出校门时提醒自己，看看自己的仪表仪态是否整洁端正。为此，适度注意自己的形象还是十分必要的。

学生着装，要整洁、朴素、大方

学生的服饰应反映出健康活泼、朝气向上的特点，有助于学生的身心发育，方便学生的学习和活动。

不管对于男生还是女生，着装首先最恰当的是穿着干净、整齐。穿着干净，就是身上没有污迹。鞋袜也像衣服一样，不能身上衣服干干净净而鞋袜很脏。着装整齐，就是穿衣基本配套合适，从色彩、式样上给人一种和谐的感觉。衣着的大小最好是符合自己的身材个头，衣服熨烫平整、不打褶，让人感觉到非常合体。即使个人条件差，也要穿着干净。

特别在校园内，学生不穿拖鞋，不穿奇装异服，不盲目追求名贵服饰，不在校服上乱涂乱画。男生不得光背打球，不敞胸露怀；女生不得穿露背装、露脐上装、超短裤、超短裙和半透明服装，不穿过分暴露的衣着。总的来说，学生着装要整洁、朴素、大方。

注重个人卫生，保持干净的形象

讲究个人卫生，不仅能保证个人身体健康，还是和他人正常交往的基础。因为不讲卫生就可能滋生病菌，一个脏兮兮（xī xī）的人很难给人留下良好的印象。

教养金句

人应当一切都美，外貌、衣裳、灵魂、思想。

——近代·契诃夫（俄国）

要让人看到我们是个干干净净的人，从头到脚要整洁，尤其是面部、口腔、脖颈、手、头发要保持干净。

我们要保持干净的形象，重要的是养成良好的卫生习惯。因此，在平时的生活中，要勤洗手，指甲要勤修剪；每天要洗脸，保持面部清洁；每天晚上要洗脚，避免产生脚臭味；经常洗头、梳理头发，避免头皮屑的出现，保证头发干净整齐；每天早晚坚持漱口、刷牙，避免发出让人掩鼻的难闻口气。另外，要经常洗澡，时不时地给身体做一次综合的“卫生大扫除”。

学生不戴首饰、不化妆

对学生来说，朴素大方是基本的要求。所以，我们不追求艳丽，不追求时髦，要保持自然纯朴的形象。所

教养金句

清水出芙蓉，天然去雕饰。

——唐·李白

（像那刚出清水的芙蓉花，质朴明媚，毫无雕琢装饰。）

以，对学生来说，在校时戴首饰、化妆是不合适的。

化妆、佩戴首饰是成年人的事。学生化妆、佩戴首饰，往往会显得艳俗，和学生的身份不符。学生不要佩戴耳环、发插、手镯、戒指、项链、项圈、胸针、领针、别针等首饰；也不要纹眉、涂口红、涂指甲油和喷浓味香水等。必要的时候，可以用润肤品。这是因为中小学生正处于求知时期，要把精力集中在学习上。如果化妆、佩

戴各种首饰，势必会分散注意力，影响学习，还可能养成追求打扮的不良习惯。另外，中小学生正处在成长发育时期，器官尚未成熟，皮肤也很娇嫩，抵抗力较弱，化妆、戴首饰难免引起一些“首饰病”，不利于身体健康。

总之，我们正处于青春发育期，这是人生中自然状态极美好的时期，应保持自然美、健康美。

秉持古训，“坐有坐相，站有站相”

俗话说要“站如松、坐如钟、行如风、卧如弓”，这是我国古代规范自身姿态的概括性准则，对内是自我修养的需要，对外是礼仪和涵养的表现。所以，自古中国人就讲究“坐有坐相，站有站相”。

在学校里，应自觉地保持一种良好的坐姿，以显示自己应有的文明素养。坐在教室学习，要精力充沛，给人一种振奋昂扬的印象。正确的坐姿是，两条腿膝部自然并拢，女生绝对不能两膝分开，这样才会显得端庄；男生两膝可以分开一些，但只能是一拳距离，两膝分开不能超过肩宽。古人讲“正襟(jīn)危坐”，就是背部不靠在椅背上，腰直起来。坐凳子也不坐满，而是坐在凳子前面一半，所以身体自然能够挺直。切忌坐姿东倒西歪，萎靡不振。

教养金句

在美的方面，相貌之美，高于色泽之美，而秀雅合适的动作之美，又高于相貌。

——近代·培根（英国）

注意站立的姿势。不要弯着腰、扭着身、束手束脚，要做到从

头到脚站成一条直线。颈部要立直，双肩的肩头要平，同时要挺胸、立腰、收腹、提臀，双腿用力均匀，膝部放松并有意识地尽量向上提。双脚脚后跟并拢，脚尖微微张开小于一拳的距离。

另外，行走时步伐要从容稳健，不要摇头晃脑、东张西望，更不要和别人勾肩搭背。

“桃李不言，下自成蹊。”举手投足间尽显青春风采的人必然会以其优美的举止赢得更多人的喜爱。

秩序校园的礼仪规矩

良好的校园秩序，能让学校有条理地、有组织地安排各种教学活动，保证学校正常的运转和保持良好的氛围。校园是我们生活、学习和娱乐的主要场所，我们是校园的主人，所以，我们都有责任维护它的秩序。维护良好的校园秩序，一定要依靠礼仪约束。那么，在维护校园秩序方面，我们有哪些需要遵守的规矩呢？

服从管理，有序进出学校

教养金句

盈盈公府步，冉冉（rǎn rǎn）府中趋。

——《乐府诗集》

（轻缓地在府中迈方步，从容地出入官府。）

上学进校门前，先要检查一下自己的衣冠是否整齐，骑自行车或使用其他车辆的同学将车停放在指定地点，然后入校。踏进校门，是我们每天投入学习的开始，因此要保持情绪高昂、奋发进取的精神状态，绝不能萎靡不振、垂头丧气。

还要注意的是，进校时要严守纪律，不与同学揽腰搭肩、嘻嘻哈哈，不互相追逐打闹，不高声喧哗，不边吃边走。要向值勤的同学示意，大大方方地进入校园。无论何时何地见到老师都要主动问候，特别是每天第一次见到老师时，要面带微笑地说："老师，您早！""老师，您好！"一边恭恭敬敬地行鞠躬礼或点头致意，以表示对老师的尊敬。

进出校门要佩戴校徽。如因特殊原因未能佩戴校徽，应主动向门卫和值勤同学说明。尊重学校保卫人员，听从保卫人员的指挥，服从保卫人员的管理。遵守学校门禁制度，出入学校，主动出示本人的出入证，按规定时间出入学校。如有特殊情况需要离开学校，主动出示班主任、年级组长的审批意见单及出入证。出入校门和上下校车，应自觉排队，按序出入（上下），不争抢。

规范言行举止，做明礼的好学生

一个人具有良好的礼仪风范，对个人而言不仅是一种外在的美，更能获得他人的认同。

文明的言行举止，展示的是一种修养、一种层次，博得的是一种认可、一种尊敬。这就是明礼的作用。明礼不仅仅是用来提高自我，更多的时候还有无与伦比的作用。一声"对不起"，能化解剑拔弩张的冲突；一个友善的微笑，就如一缕春风，温暖他人的心田；一次真诚的援助，能唤起世间向善的爱心。所以，明礼能提高一个人的素质，让人变得更高尚。

当然，一个人不可能天生就举止文明、言行得体，这需要后天的学习、教育和培养。学校是专门的育人机构，一个人知礼、懂礼、明礼往往从这里起步。学生时期是一个人的人生观、世界观形成的重要阶段。我们应知礼仪、懂礼貌，且有良好的道德情操和行为规范，这对于我们自身的成长是非常重要的。

专心读书，维护校园书香氛围

学校是以学习文化知识为主的专门场所，学生在校的主要任务是学习。校园的书香氛围，离不开莘莘学子专注读书。所以，在学校首当其冲要遵守的礼仪，就是专心读书。

在学校里，要心无旁骛，一心放在学习上。上课用心听讲，认真完成作业，力争德智体美劳全面发展的同时，娱乐有度。在学习的过程中，要认真钻研、勤学好问，有战胜学习困难的决心和勇气。

教养金句

青春虚度无所成，白首衔悲亦何及。

——唐·权德舆（yú）

（年轻的时候虚度光阴、无所作为，等到了老年即使再心怀悲戚也于事无补。）

在学校里专心读书，这是对学生基本的行为要求，如果学生的行为超越了这个范围，就意味着其在学校的行为跑偏了方向，应该立马纠正这种失礼行为，使其走到正确的轨道上来。

杜绝校园暴力，不破坏环境的安宁

学生时期是人生中的特殊时期，无论从生理上还是心理上，我们都经历着一场巨变。身心发展的巨变，使某些学生抵抗外部世界干扰的能力显得相当脆弱，容易产生不良的个性倾向，一旦遇到外界不良因素的刺激，很容易做出非法的举动。一些学生在畸形欲望的驱使和错误观念的支配下，在校园内外敲诈勒索、伤害弱小，参与校园暴力，从而走上了犯罪的道路。

作为学生，我们不能参与校园暴力，要遵守校规校纪、遵纪守法，遇到校园暴力，也不要以暴制暴，要寻求合法的解决途径。新时代的学生，要知法、懂法、守法和学会用法，这是一个学生有素质、有教养的重要体现，是健康成长的重要保证。所以，我们要增强纪律法治观念，远离校园暴力，做遵纪守法的好学生。

不带电子产品入校园

学生在校随意使用智能手机、平板电脑等电子产品，其危害不言而喻：课堂上玩手机游戏，既扰乱课堂秩序，也影响学习效果；课下无节制玩手机，牺牲了本该休息、锻炼的时间，导致视力及身体素质下降；考试、做作业使用手机，“百度”一搜就能获取现成答案，投机取巧，思考能力大大下降……学生在校使用电子产品，很容易扰乱正常的教学秩序。

很多地方禁止中小学生将手机、平板电脑等电子产品带入校园，面对学校的禁令，我们一定要遵守规定，千万不要私自将任何电子产品带入校园。在校生活、学习必要的电子产品，经老师同意后才能带入校园，不用时要寄存在老师那里，防止过度使用电子产品而影响学习。

对学校有真爱，从爱护环境开始

在校园里，我们经常会痛心地看到这样的情景：洁白的墙壁上有一个脏兮兮的鞋印，一株美丽的花朵被拦腰折断，新装的开关又被打碎了，教室新换的门把手又坏了……显然，这些往往都是学生有意破坏的结果，既影响了校容校貌，又给学校带来了一定的经济损失。学校是一个人群集中的地方，不小心损坏公物在所难免，但少数学生的故意破坏行为，实在是有违礼仪。

教养金句

风俗既正，中人以下，皆自勉以为善；风俗一败，中人以上，皆自弃而为恶。

——北宋·苏辙

（风俗环境已经充满正气，那么即使是中等以下的人也会自勉向好人靠近；周围环境败坏了，就算是中等以上的人也会自暴自弃不求上进。）

有教养的人在校园内应随时保持环境整洁、卫生，不可乱扔废纸、果皮，不随地吐痰，不乱倒垃圾；不在黑板、墙壁上乱涂乱画；能自觉爱护花草树木和公共设施。总的来说，如果我们热爱自己的学校，那么就应该从爱护校园环境开始做起。

学校公告，不能随意撕毁涂改

撕毁或涂改学校的公告容易造成信息丢失或宣传错误，从而导致一些重要通知无法及时而正确地传达给有关人员；撕毁或涂改学校公告，是对学校公告制定者和张贴者、

教养金句

言忠信，行笃（dǔ）敬。

——《论语》

（言语忠诚老实，行为严肃认真。）

发布者的不尊重，是损害其劳动成果的表现；撕毁或涂改学校公告者，有可能被视为捣乱分子或对学校有强烈的不满。

如果是为了张扬个性，采取撕毁、涂改学校公告的方法只会引来大家的抨击；如果撕毁或涂改公告者被学校管理人员抓个正着，受批评和处分是必然的事。

所以，对学校的公告应本着尊重的态度看待。如果对学校的通知或布告上的信息有怀疑或不满，应通过与学校沟通的途径解决，不能随意撕毁或涂改。

学生对校园桌椅要爱护有加

学校的桌椅是公共财物，是在校学习不可缺少的用具。教室是我们求知的殿堂，是我们学习的家园，而桌椅更是我们亲密的好朋友。它们伴随着我们度过了一个个日日夜夜，陪着我们攻克了一道道的难题，记录了我们努力学习的滴滴汗水，在我们的成长中立下了汗马功劳。然而，有些人却从不懂得珍惜爱护它们。学校的课桌上常常能见到各种各样的文字或图画“作品”：有人刻下名人名言，美其名曰“励志”；有人刻下自己的名字或简笔画，意在彰显自己的存在。这样做看似给校园带来了很多生动活泼的气息，但其实“课桌文化”不是好现象，不值得提倡，更不值得效仿。课桌上布满刀痕，留满各色颜料和笔迹，这首先是对公物的破坏，其次是对我们自己形象的破坏。

作为一个有素养的学生，应该对课桌爱护有加。爱护教室桌椅，不乱涂、乱画、乱刻；不随意粘贴物品，不踩踏桌椅；不随意拖动、敲打桌椅；不坐在桌面上；下课时对椅子要轻拿轻放，让它无声归位。

师生相处的礼仪规矩

在中国传统社会中，老师一直享有崇高的地位。优秀的老师，不仅能够讲解书本上的知识，还能以人格品行影响学生，教育学生怎样为人处世。从礼仪的角度分析，老师受到尊敬，知识才能受到重视；知识受到重视，学生的学习态度才能端正；学生的学习态度端正了，他们才能认真听讲、专心读书，长大以后才能为国家和民族做出贡献。所以，尊师重道，应该从一言一行做起。

客观地看待老师，尊重老师的人格

学生对老师应有一种较为客观的认识。老师也是人，是人必食人间烟火，必有七情六欲，自然也就有优点和缺点。学生在心中设计理想

教养金句

师道既尊，学风自善。

——清·康有为

（大家都遵从师道的话，学风自然就好了。）

老师的形象并没有错，但不能以之作为评判老师现实形象的唯一尺度，更不能简单化地做出情感上的褒贬。

自然，校园中也确实存在部分教学能力低、师德水准不尽如人意的老师，但绝大部分老师在专业上都比学生懂得多、钻得深，都有可学习的地方。因此，一旦发现老师的不足，并不需要大惊小怪，也不用失望埋怨，更不应随便给老师取个不雅的绰号，而应以谅解的态度与人为善。千万不要在课堂内外，以不恭的言行伤害老师的人格。当然，在机会、场合适当的情况下，可以向老师委婉地提出意见。但尊重每位老师的人格应是不变的前提，否则，容易造成师生矛盾。

尊敬老师，别忘记关心老师的健康

在学校里，除了同学，师生关系可以说是最密切了。对于师生关系要避免两个误区：一是把教和被教、管理和被管理的关系看成对立的关系，对老师有戒心，和老师保持距离；二是只看到老师关心学生的一面，其实老师也是需要关心的，特别是老师的健康方面，更需要多加关心。因为教师为了搞好教学，往往没有更多的精力注意自己，这就需要学生的细心关照。有些细心的同学在秋冬开窗通风时，注意提前把讲台一侧的窗户

教养金句

经师易遇，人师难遭。

——东晋·袁宏

（单纯传授知识的老师容易遇到，为人师表的人难遇到。）

先关上，免得冷风吹得老师着凉；有的老师病刚好就来上课，同学们就特别为他准备座椅并且倒一杯开水……这些看起来是小事，但带来的热情却能使老师感到暖融融的。

遇到老师，一定要打招呼

见面打招呼是中国人常见的一种礼节。作为学生，见到老师不打招呼是不符合礼仪的，也是没有教养的体现。

遇到老师不打招呼，一方面会被认为是故意躲避、赌气或胆小、害怕老师，另一方面会使他人觉得这对师生之间有矛盾。如果老师面带微笑地迎向学生，学生却马上别过头去并加快脚步远离，换作其他人都会被这样的反应“打击一下”。学生对老师应该虚心诚实、言行有礼，在行动上应按规矩认真去做。早晨进校见到老师，不管他是否给自己授课，均应含笑问早、问好。平日在校园内与老师相遇，也应打招呼问好，如果环境（楼道、走廊）狭窄应向旁边跨开一步，给老师让道。作为一个懂礼仪的学生，在校园里或其他公共场合遇到老师应该礼貌地打招呼。但是，如果距离老师很远，并且对方没有看到自己，可以不打招呼。当老师正在与别人交谈或正在繁忙地处理事务时，可以不打招呼。

和老师谈话，要做到彬彬有礼

和老师谈话时，如果老师话已讲完，学生向老师请教的问题已得到解决，学生应向老师表明对所问的问题已经理解，并向老师道谢。如果学生是坐着的，应起立把凳子放回原处，向老师微微鞠躬并说声“再见”，然后离去。如果老师起立目送学生，学生应请老师坐下。如果老师举步要送学生出办公室，学生应请老师留步，切不可事一完就自顾自地跑开了。

如果是老师找学生谈心，谈

心已结束，学生应向老师表示“明白了”“理解了”或“想通了”。然后在得到老师的同意后，有礼貌地离开。

如果老师所讲的问题，学生尚不理解，或还有不同看法，或问题才讲到一半，上课的预备铃响了。在这种情况下，学生应与老师约定继续谈话的时间，然后礼貌地离去。

当众顶撞老师，是对老师的不尊重

当众顶撞老师，即使学生很有道理，这样的举动也是错误的。

当众顶撞老师，一方面说明学生不尊重老师，有挑衅、示威之嫌；另一方面给别人留下“刺头”的印象，可能会导致别人疏远你。当众顶撞老师容易产生不良影响，树立反面榜样。如果你是学生干部，则会影响你的威信和良好形象，也容易失去师生的信任和好感。当众顶撞师长说明学生性子急、暴躁、自制力欠佳、爱出风头。如果学生言辞激烈到让双方难以收场，无疑是在演闹剧和丑剧给别人看。

教养金句

明师之恩，诚为过于天地，重于父母多矣。

——东晋・葛洪

（贤明的老师的恩情，简直胜过了天地的博大，比我的父母对我付出的还要多。）

对老师不满时，可私下约时间交谈、沟通。受到老师批评时，态度应谦恭。老师说错话时，学生应控制自己的情绪。

老师的私事，不要在背后议论

哪位老师评优了，哪位老师怀孕了，哪位老师家中亲人去世了，哪位老师和校长吵架了……背后议论老师私事的学生大有人在，然而这么做是有失教养的。

背后议论老师私事，有传谣、诽谤的嫌疑。如果话传开了，不仅影响老师的形象，也影响自己的形象。背后议论老师私事，给人以“不务正业”之感。如果议论恰好被那位老师听到，对方一定会

很不愉快。此外，背后议论老师私事，还容易造成不良影响。

所以，不要养成议论老师私事的习惯。道听途说的事情不要说，自己不清楚的事情不要传播。如果获悉老师的私事，不要主动向外宣扬。

教养金句

众口铄金，积毁销骨。

——西汉·司马迁

（众人的言论能够熔化金属，纷纷而来的毁谤足以致人于死地。）

没教过自己的老师，也要打招呼

对于从未交往过的人，尤其对方不是自己学校的老师，就算他的职业是教师，我们不与对方打招呼也无可厚非。

如果对方是自己学校的老师，只是没教过自己，例如隔壁班的老师、高年级或低年级的老师等，不打招呼就显得不礼貌。遇到自己学校的老师，起码应该对他致以问候。如果对方恰好也对你眼熟，你不打招呼，你的冷漠就会给对方留下傲慢自大、目中无人的印象。因此，遇到没教过自己的老师不要视而不见。

遇到自己熟悉的外班老师，应礼貌问候对方，尤其是相遇地点在校园内时。如果对方步履匆匆，且明显没有寒暄的意思，可以不打招呼。在狭窄的通道遇到自己学校陌生的老师，应礼貌地问候并为其让路。

不要随便“欺负”实习老师

不少学生面对实习老师做出种种不敬之举，如：上课前，在讲台桌斗里或桌面上放几条虫子；上课时，故意提出刁钻问题；下课时，躲在实习老师身后突然发出几声怪叫……类似这些行为是十分不礼貌的。

教养金句

师者，人之模范也，无德者无以为师。

——西汉·扬雄

（教师是人们的模范，没有德行的人不可以做老师。）

对实习老师不敬，首先会影响教学效果，破坏师生关系；其次，容易给实习老师留下不好的印象，也给其他同学留下欺软怕硬、行为不端的负面印象；最后，如果言行过分，会伤害实习老师的自尊心，使对方难堪。

实习老师同样是老师，理应受到学生们的尊重。通常，实习老师心态年轻，学生应主动、积极地与其交流。如果实习老师经验不足，学生遇到对方失误时应予以谅解。

同学相处的礼仪规矩

学校是个大家庭，我们每个人都是这个大家庭的成员。纯真的同学情，会成为一个人终生宝贵的财富。作为朝夕相处的同学，我们不仅要共同学习科学文化知识，还要建立深厚的友谊，注重情感的交流与沟通。为了让校园充满爱，让文明礼貌之花在我们的校园竞相绽放，同学之间的交往要遵循相应的礼节，应该互相尊重、互相谦让、互相帮助，这样我们才能在温馨、和谐的校园中共同成长，共同进步。

同学之间，礼貌用语不能少

有学生认为，同学之间朝夕相处，处处讲礼就见外了。其实，同学之间，礼貌用语不能少。因为一切友谊都是建立在彼此尊重的基础上的。

同学之间可彼此直呼其名，但不能用“喂”“哎”等不礼貌用语称呼同学。在有求于同学时，需用“请”“谢谢”“麻烦你”等礼貌用语。借用学习和生活用品时，应先征得同学同意后再拿，用后及时归还，并要致谢。

另外，假期长时间不见同学，在开学之初，见到他们一定要问好。

教养金句

同年同日又同窗。不似鸾(luán)凰，谁似鸾凰。

——南宋·张幼谦

（我们是同年同月同日生还是同窗，我们不似鸾凰一般，还有谁能称作鸾凰呢？）

和同学说话，要注意态度和方式

交谈是同学之间交流的主要形式之一。交谈可以增加同学间的了解、友谊和知识。与同学说话要态度诚恳、谦虚；要语调平和，不可装腔作势；还要关心听自己说话同学的兴趣和情绪。听同学说话时，态度要认真，不可做其他事，不可表示倦怠、打哈欠或焦急地看钟表；不要轻易打断别人的话，要插话或提问一定要先打招呼；如果同学说得欠妥或说错了，应在不伤害同学自尊心的情况下，恳切、委婉地指出。吵架、骂人、说难听话是无教养的行为表现。

古人说“言由心生”，语言能反映一个人的心灵。与同学说话的内容要真诚实在，要实事求是地谈出自己对事物的看法。不说胡乱恭

教养金句

一句话能把人说跳，一句话能把人说笑。

——俗语

维别人的话，也不说使别人感到伤心、羞愧的事，更不要说不文明的污言秽语。

随意议论同学，是对同学的不尊重

对同学的相貌、体态、衣着不能评头论足，绝对不能嘲笑同学的生理缺陷。在这些事关自尊的问题上一定要细心，尊重别人。同学忌讳的话题不要去谈，同学讨厌的事不要去做，千万不要“哪壶不开提哪壶”。

古人说：“慧于心而秀于言。”与同学说话，能使心灵的聪慧得到交流，能使同学之间增加了解、增进情谊，能和同学一起增长知识。要起到这样的作用，就要注意与同学说话的礼仪。别人也往往由此而能推断出这位同学的品性教养、思想面貌和文化水平。

教养金句

人之多言，亦可畏也。

——先秦·佚名

（别人的闲谈议论，也能让人感到畏惧。）

不可偷看同学的信件、日记

偷看同学的信件、日记是不礼貌的行为，也是不尊重对方的表现。

偷看了同学的信件或日记，如果对方与我们关系一般，我们就不太可能有机会得到对方的信任并成为对方的朋友了；如果对方与我们关系很近，我们就很可能立刻失去对方的信任，从此被他从友人的名单中删除。如果对方信件或日记中记的是流水账，他会认为我们太无聊、太好奇；如果对方信件或日记中记录了不愿外传的秘密，我们的做法会让对方感到愤怒和委屈，甚至因此对我们做出过激行为。

我们应避免对同学的信件或日记产生好奇心，同学不在场时不要翻看对方的任何私人物品，最好及时离开以避嫌疑。

男生女生，交往一定要得宜

男生女生是校园的两道风景，如果双方交往不当就会煞风景。

男生女生交往过密，无所顾忌地打闹、嬉笑，会给人以疯癫之感；男生会缺乏绅士风度，女生会半点淑女相也没有。男生女生私人交往过密，会引人侧目与猜疑，说不定大家会把你们划入早恋的行列；男生女生互不沟通，见面就脸红，或者见面就尴尬，这是过于疏远的表现，显得歧视异性或惧怕异性，同样会让人觉得怪异。

教养金句

世界上最廉价，而且能得到最大收益的一项物质，就是礼节。

——现代·拿破仑·希尔（美国）

从交际的角度来看，男生女生交往不当是个人交际能力的欠缺和对交往礼仪的误解，很容易让我们踏入交往的误区。那么，男生女生如何交往才能符合同学相处礼仪呢？

男生女生交往应言语得当、举止有度。哪怕是关系比较亲密的异性同学之间，语言交流的内容也要符合彼此的关系，肢体上保持一定的距离，切不要勾肩搭背。

对身体有缺陷的同学，要特别恭敬

同学眼睛斜视，就处处拿他开玩笑；同学腿部有残疾，就故意学他的样子；同学说话口吃，就故意在他面前说绕口令……

嘲笑别人是一种不礼貌的行为，针对别人的生理缺陷、形象上的瑕疵大肆嘲笑更是不敬。嘲笑生理有缺陷的同学，必定会伤害其自尊心，使对方对自己的缺陷更加敏感；嘲笑生理有缺陷的同学，不能使你得到别人的欣赏，反而会遭到鄙视；嘲笑生理有缺陷的同学，说明你冷漠、自私，不懂得考虑他人的感受。

人的生理缺陷，有的是先天就有的，有的是后天因病、因事故

而造成的。无论是先天的还是后天的，都是不得已的，有生理缺陷的人本身精神上就很痛苦。所以，当见到腿有缺陷而行走不便的同学，见到手臂有缺陷致使运动、写字、吃饭、拿筷子不便的同学，凡有修养、讲文明、懂礼貌的同学，一定会给予同情、关心、帮助和照顾的。有的学生讥讽取笑有生理缺陷的同学，利用同学的生理缺陷起绰号来取乐，这种把自己的快乐建立在别人的痛苦之上的行为，显然是很不礼貌和很不道德的。

教养金句

良言一句三冬暖，恶语伤人六月寒。

——俗语

所以我们要记住，不要用好奇或鄙视的目光看待有生理缺陷的同学，应主动给予帮助。对比较敏感的同学，不要刻意指出其缺陷。

和同学相处时，不乱起“外号”

在和同学相处时，我们经常会给同学起一些“外号”。“外号”通常来自于同学的优点或缺点。有的“外号”是善意的，当然也有的“外号”是恶意的。善意的“外号”会让同学们增进友谊，而恶意的“外号”只会给同学们造成隔阂。

教养金句

君子不失口于人。

——西汉·戴圣

（有道德的人，不能对人出言不逊。）

如果有人利用某种动物的名字，利用同学的某一缺点或弱点，利用同学犯过的某一错误，利用电影或电视中的某一反面人物的形象来给同学起“外号”，这些都是侮辱同学的人格，伤害同学的自尊心的行为，是属于低级趣味的很庸俗的行为。

所以，学会尊重他人，不做有损他人人格的事，不给同学恶意起“外号”，是一个人的基本素质。

同学之间借钱借物要一清二楚

同学之间可能有相互借钱、借物或馈赠礼品等物质上的往来，这些事情切忌马虎，每一项都应记得清楚明白。即使是小额借款，也应记在备忘录上，以提醒自己及时归还，以免遗忘，引起误会。如果所借钱物不能及时归还，应每隔一段时间向对方说明一下情况。

在物质利益方面，无论是有意或者无意地占对方的小便宜，都会在同学的心理上引起不快，从而降低自己在同学心目中的人格。

控制自己，让自己远离早恋

我们常常会看到这样的情景：两个男女学生，在马路边上勾肩搭背，在公交车上卿卿我我，在公园拐角搂搂抱抱……早恋对我们的身心有着很大的危害。早恋的发生，实际上是学生生理与心理发育不成熟的标志，是对性意识的明晰和体验的结果，是个体发展的一种不良现象。西方社会心理学家称学生这种早恋现象为“青春期恋爱”。但是，早恋不理智、不成熟的选择，容易造成过度狂热和痴迷，从而影响学业；早恋带来的争吵、分离等情况，易于让人产生偏激行为，如殉情、恶性报复、离家出走、患忧郁症等。过早的恋爱还会引起心理扭曲。

花季的情感是一种极美好的情感，然而处理不好，就会毁了自己的一生。人生每个阶段都有每个阶段的使命，我们千万不可以在春天就去挥霍夏天，莫让情感航船过早启航。所以，男女生彼此产生好感时，要把精力转移到学习上去，用探求知识的乐趣来取代不成熟的感情。理智分析彼此的关系，以冷却灼热的感情，保持纯洁的、珍贵的友谊。

教养金句

顺理而举易为力，背时而动难为功。

——唐·房玄龄

（举事顺乎义理就容易见效，行动违背时势就难以成功。）

办公室的礼仪规矩

老师办公室是老师的日常办公场地，也是老师相互交流经验和讨论问题的地方，还是老师给学生上完课后，舒缓神经、缓解疲劳的地方。所以，学生进出办公室时不能太随便，要遵守一定的礼仪规矩。那么，进出老师的办公室要遵守哪些礼仪规矩呢？

进办公室，要征得老师同意

办公室是老师静心工作的场所，一般来说，一间办公室里往往有几位甚至十几位老师同室办公。如果学生随便进出，势必会对老师的工作有所打扰，这显然是不礼貌的。所以，对我们来说，千万不要随随便便进入老师的办公室。

那么，进老师办公室时，怎样充分显示出我们的礼貌呢？从礼仪上讲，如果门是关着的，必须轻轻地敲门，

教养金句

人将礼仪为先，树将枝叶为圆。

——俗语

并喊“报告”，经老师同意后方能进入。

走进办公室，语言动作要轻

由于办公室老师多，有些同学进办公室时会有些害羞，往往都是跑着进出办公室，来去匆匆，手脚有点不知所措。殊不知你“砰砰”的脚步声和“咣当”的关门声，这些有失礼貌的行为已经惊到了里面的老师。

办公室是老师们办公的场所，需要保持安静。所以我们在进出老师办公室的时候，动作一定要轻：轻轻地敲门，轻声地向老师问好，轻轻地回答老师的询问，轻轻地拿起作业本，轻轻地退出，轻轻地关门……这样才不至于打扰到正在办公的老师，才是有礼貌的做法。

教养金句

居处恭，执事敬，与人忠。

——《论语》

（平时的生活起居要端庄恭敬，办事情的时候严肃认真，对待他人要忠诚。）

在办公室，不要停留太久

从某种程度上说，办公室是老师专属的私密空间，当有学生逗留的时候，老师之间在言行上会有很多不方便。另一方面，办公室里，老师都忙于备课、批改作业，工作往往都很繁忙。如果学生在办公室逗留久了，就会干扰老师的工作。所以，在老师办公室中，如果事情已经办完，应尽快离开，不要停留、观望。

特别要注意的是，一些老师有独立办公室。如果没有必要，不要单独在异性老师办公室停留太久。

去办公室找老师，不要成群结队

很多人怕老师，遇到老师就紧张。于是，必须去办公室找老师时，他们往往会邀请一群同学给自己“壮胆”。从某个方面来说，这样的做法是不礼貌的。

办公室空间本来就有限，成群结队地去办公室，人多难免会干扰到其他老师的工作。如果老师找个别学生谈话，面对一群同学，说话也很不方便。所以，一般来说，有事去办公室找老师，无论是主动的还是被动的，都不要和无关的同学结伴而行。但是，有一种情况除外，那就是不管男生还是女生，去异性老师办公室的时候，最好邀请一个同学结伴前去。

不要随意翻看老师的物品

随意翻看他人的物品本来就是不礼貌的行为。在办公室里，随意翻看老师的物品就更不应该了。

老师的有些物品在一定程度上是保密的，所以进入办公室后不可乱翻。例如：未启用的试卷，对学生进行思想教育的摘记，不公开的学生成绩等。如果因乱翻而造成泄密，这是非常不良的后果。

教养金句

非礼勿视，非礼勿听，非礼勿言，非礼勿动。

——《论语》

（不符合礼的不看，不符合礼的不听，不符合礼的不说，不符合礼的不做。）

所以，在老师办公室时，没有经过老师允许，不要私自乱翻老师的物品。

教室听课的礼仪规矩

每天上课，应踩着点进教室，还是提前几分钟？为什么要保持教室环境整洁？为什么课堂上要保持安静？……别看这些只是一个个小习惯，实际上它们体现了学生的文明礼仪水平。课堂是我们学习的主要场所。掌握课堂的礼仪规矩，不仅有利于我们更好地学习文化知识，还有利于构建和谐校园，培养学生高尚的道德情操、热情友好的待人态度和谈吐文明的行为举止。

开始上课时，文明礼仪要周到

上课时，我们都是提前进入教室，恭候老师到来。老师走进教室，班长或值日生喊“起立”，全体同学立即起立站直，向老师行注目礼并喊“老师好”。动作要迅速，问好要充满敬意。老师还礼后，再坐下。起立、坐下时，动作不但要快，还要轻，不要让桌椅发出很大的声音。

如遇到特殊情况，不得已在老师开始上课后才进入教室，应特别注意举止的文明和礼仪的周到。在教室门口应先停下脚步，首先喊“报告”。如果教室门关着，那么就应先轻轻叩门；要在得到老师的允许之后，再进入教室。要向老师说明迟到的原因，说话态度要诚实。应在得到老师谅解和允许后，方可入座。在走向自己的座位时，速度要快，脚步要轻，动作幅度要小。走到座位前，在放书包和拿课本时，尽量不要发出太大的响声，更不能有任何滑稽可笑的举止。坐下之后，应立即将注意力集中起来，静听老师讲课。

课堂不做与学习无关的事

听课时，要把自己的全部精力集中到老师讲课上，要让自己的思路跟着老师的话音走。听课时，不能想与学习无关的问题，不能做与学习无关的事情。有些同学上课常走神，不是胡思乱想，就是乱写乱画，或者与同桌讲话逗乐，或者边听语文边做数学，或者看小说等，这些行为都严重干扰了正常听课，必须予以克服。听课要专心致志，不做小动作、不吃东西、不聊天、不嚼口香糖、不听音乐、不扇扇子、不玩手机、不随意离开座位、不交头接耳、不打哈欠、不睡觉。经验证明，专时专用才是高效的

教养金句

博学之，审问之，慎思之，明辨之，笃行之。

——西汉·戴圣

（要广博地学习，要对学问详细地探问，要慎重地思考，要明白地辨别，要切实地履行。）

学习方法。如果没有听好课，往往抓不住重点，复习要花较长的时间，作业的错误也会增多。前面的知识有了漏洞，还会影响后面的学习，势必造成恶性循环。

所以，在课堂上，要认真听老师讲解，注意力集中，重要的内容应做好笔记。

礼貌、认真地回答老师的提问

老师在上课时向学生提问，是老师检验自己教学效果的极迅捷和极直接的方法。老师通过提问，一方面可以了解学生对自己所教

的内容是否理解和掌握，同时，又可以启发学生积极思考，充分调动学生的注意力。而学生的答话，反过来又能回应教师的思维活动，达到教学相长的目的。因此，老师提问是一种正当和必要的教学手段。正因为如此，每个学生都应懂得老师提问的积极意义，正确、有礼貌地对待老师的提问。

教养金句

独学而无友，则孤陋而寡闻。

——西汉·戴圣

（如果学习中缺乏学友之间的交流切磋，自己一个人苦思冥想，不与友人讨论，就容易学识浅薄，见闻不广。）

课堂上要积极主动地回答老师的提问，但要按照老师的示意和安排回答问题，不胡乱抢答。当老师提问时，应该先举手，待老师点到我们的名字时才可站起来回答。发言时，身体要立正，态度要落落大方，声音要清晰响亮，并且应当使用普通话。回答完毕后，得到老师的示意后才能坐下。

体育课也是课，课堂礼仪不可少

文明礼仪其实涉及方方面面。体育课是学校教学的一种形式，自始至终都有一定的礼仪规矩。如果只注重技术学习，而不注重礼仪规矩，助长了学生自由散漫、不守礼节的习惯，就会失去教书育人的意义。

因事因病不能上体育课要提前向老师请假，不得无故迟到、早退和旷课。无法上课应主动向老师说明原因。

上体育课时应穿运动鞋，运动时穿适合的衣服。

上课开始，先由体育委员组织站队，队列整齐后，向体育教师报告班级的基本情况、出缺勤人数。在老师进入上课位置前，体育委员喊“立正”口令，向老师表示敬意。老师进入上课位置立正时，师生互相行礼问好。老师宣布上课的内容、任务、要求时，学生不得交头接耳。课中的集体讲解、纠正错误，队列要整齐合理，不得沙龙式地凑在一起。课中需要分散组织练习的时候，老师给出口令“解散！”学生要立正击掌给出回应。排队时不得高声喧哗，不得背书包上体育课，在操场上不得乱追乱跑。要严格按照体育老师的要求参与各种运动，切不可自作主张。

下课时，老师给出指令“下课！”学生要立正击掌，同时呼喊“老师再见！”向老师告别。

教养金句

敬人者，人恒敬之；爱人者，人恒爱之。

——《孟子》

（爱别人的人，别人也永远爱他；尊敬别人的人，别人也永远尊敬他。）

上完体育课应尽快回教室，切勿在外逗留。

我们要意识到，体育课也是课。不能因为上课的地点在室外，就因此忽视了对礼仪的遵守。

下课要礼貌地和老师告别

上、下课礼仪，是校园礼仪文化的内容之一，而且是一种重要的具体的礼仪形式。当下课铃响，在听到老师说“下课”后，班长

或值日生喊“起立”，同学们起立站好，对老师行注目礼并喊“老师再见”。待老师离开教室后，学生方可离开。这样的礼仪，是尊敬师长的基本形式。

听到下课铃响时，如果老师还未宣布下课，学生应当安心听讲。不要忙着收拾书本，或把桌子弄得乒乓作响，否则是对老师的不尊重。

遵守课堂秩序，不可在课堂上起哄

上课时我们有时会看到这样的情景：老师读错了一个字，学生立刻在讲台下哄笑；老师的讲解有些枯燥，个别学生就做出怪相，引逗其他同学发笑。这种在课堂上起哄的表现是十分不礼貌的。

在课堂上起哄，第一会严重扰乱课堂秩序，影响讲课和听课的效果；第二会干扰老师情绪，打乱其教学思路；第三会浪费大家时间，且不利于自己树立一个良好的形象。在课堂上起哄，一时之间可以制造笑料，但久而久之这种无聊的行为是会招人厌恶的。

在课堂上，我们应专心听课。上课时，积极思考，从自身做起，维护课堂秩序，应对老师怀有尊敬之心。

专心听讲，不在课堂上打瞌睡

上课打瞌睡既耽误自己的学习，又影响别人的心情，还容易导致师生之间产生误解。相信任何一个老师都不会喜欢在自己课堂上睡觉的学生。

一些同学因为学习负担重，课程紧张，晚上熬夜，白天上课提不起精神。这就很容易出现在课堂上打瞌睡的现象。同时还有一些同学并不是因为用功学习，而是因为晚上贪玩，在家无节制地看电视、上网聊天、沉迷网络游戏等而夜深未睡。结果睡眠时间严重不足，导致白天上课无精打采，头脑昏昏沉沉，出现在课堂上打瞌睡的现象。

教养金句

两耳不闻窗外事，一心只读圣贤书。

——《增广贤文》

（不被世俗纷杂所扰，只专心读圣贤之书。）

在课堂上打瞌睡，不能专心听讲，甚至根本“没时间”听讲，这是对老师劳动的不尊重。所以，我们要制定合理的作息时间，保证充足的睡眠，杜绝在课堂上打瞌睡。

网络课堂的礼仪规矩

在类似新冠疫情期间，“停课不停学”，网课成为当时中小学生甚至大学生学习的主要方式。网课上，学生与老师隔着屏幕，用一种和面对面上课完全不一样的方式沟通交流。新课堂也需要有新规矩，上网课需要同学们遵守哪些礼仪规矩呢？

课堂礼仪，线上线下要一个样

上网课时，老师网上教，学生“宅”家学，师生之间隔屏互动。失去了面对面实践、检验的具体情境，有些同学上网课时就不如在教室里那么守规矩了，往往会忽视网络课堂该有的礼仪。

网络课堂与实际课堂不同的是，学生一个人在家上课，面对的老师是屏幕里的。但是，课堂礼仪，线上线下很多时候都一个样。例如，向老师问好，端端正正地坐

教养金句

恭敬之心，礼也。

——《孟子》

（发自内心地尊重彼此，这种心态我们称作“礼”。）

好、认真听课，礼貌地回答老师的提问，等等。这些和线下课堂的课堂纪律、礼仪是一样的。

上网课，向老师问好不可少

校内上课前，学生会齐声向老师问好、鞠躬，老师也会回礼、向学生问好。这样既体现了师生的相互尊重，又告诉学生本节课即将开始，提醒学生认真听讲。网络课堂因加入了网络的“虚拟”成分，缺少了课堂的真实情境，师生课前的问好礼仪与在校上课有所区别。

在网课背景下，老师线上授课，学生无法像以前那样提前在教室候课。但是，老师一般会提前2～3分钟发起直播（或视频会议），这时，我们要提前进入直播间候课。在视频上课前，师生的问好礼仪可以仿照在校上课的方式，去掉鞠躬环节。在老师宣布“上课”后，学生要齐声向老师问好，老师回复“同学们好”。

线上回答提问，用语要规范、文明

在线上课，当老师提出问题时，学生应积极响应、回答。这样不仅能体现出学生对老师的尊重，还可以使老师的教和学生的学形成良性互动，从而提高课堂的效率。

在线上课，我们通过互动面板和连麦来回

教养金句

将不可骄，骄则失礼，失礼则人离，人离则众叛。

——三国·诸葛亮

（做将帅的人切勿骄傲自大，如果骄傲自大，待人接物就会有不周到的地方，有失礼之处，一朝失礼就会众叛亲离，人心愤懑相怨。）

答问题。当老师提出问题时，我们应积极在互动面板上出示自己的答案，用语要规范、文明，不回复与课堂无关的话；当老师有连麦要求时，我们应迅速连麦，及时回答。视频上课，当老师点名提问时，我们要立即打开麦克风，先回复“在”，然后再认真地回答问题，保证课堂环节有序推进。

网课认真听，坚决不随意刷屏

上网课，有些学生觉得对着屏幕上课挺好玩，一会儿发一个表情，一会儿发点自己想说的话，或者在老师没有要求的情况下不停回复“知道了”“做完了”之类的言论，导致听课群被“恶意”刷屏。

如果老师要求大家互动，那么积极回答是正确的做法；如果老师没要求，这些回复会覆盖重要信息，导致其他同学看不到信息。其实在群里上课就像在教室里上课一样，同学们你一言我一语，哪里还能听清老师说的话？同样，上网课不要在系统里和同学聊天，除了老师点名以及向老师问好，最好不要多说话和留言。总之，上网课也要认真听，坚决不要任何形式的刷屏。

线上课堂，课后告别要有“礼”

在校上课，下课时教师会宣布“下课”。学生起立后齐声向教师说“老师辛苦了”，教师回复“同学们再见”，这样来彰显师生的告别礼仪。但是，在线上课堂，有些同学看到老师上完课了，就马上退出系统。这是有失礼仪的表现。

教养金句

君子以仁存心，以礼存心；仁者爱人，有礼者敬人。

——《孟子》

（君子内心所怀的念头是仁，是礼。仁爱的人爱别人，礼让的人尊敬别人。爱别人的人，别人也会爱他。）

线上听课同样需要通过课后告别仪式感来体现对老师的尊重。鉴于网课的特点，网课结束时，当老师说“这节课我们就上到这里，同学们再见”与我们告别时，我们要回复“老师辛苦了”“老师再见”，与老师告别后，才能退出直播系统。

自习自学的礼仪规矩

自习是学校常见的课堂形式，目的是让我们自己学习。通过自习课可以增强我们的纪律意识，培养我们的自主管理能力、自主学习能力，并让我们养成自觉学习的良好习惯。可见，自习课对我们来说非常重要。我们只有遵守自习自学礼，才能确保有效地用好自习时间。

不要迟到和早退，要上好自习课

一般来说，学校会有固定的自习时间安排。但有些同学认为，自习就是自己学习，没有老师讲课，不算正规课，也就没那么重要。所以，他们往往上自习课不会准点，或者早早地离开。

教养金句

日月既往，不可复追。

——清·曾国藩

（已经过去的时间是再也追不回来的。）

自习课的目的是让学生自己学习。通过自习课可以增强学生的纪律意识，培养学生的自主管理能力，培养学生的自主学习能力和自觉学习的良好习惯。为确保有效地用好自习时间，提高学习效率，我们要重视自习课，不要随意迟到和早退。在自习课上，合理规划

自习时间，使自主学习更有效。充分利用自习时间复习巩固所学内容，预习下节课要学习的知识。同时做好查漏补缺，抓好弱势学科的学习，以达到各科均衡发展，共同提高。

所以，自习时不准擅自离开教室。遇特殊情况必须离开教室时，应该先向自习考勤员报告，然后到值班室向值班老师请假，得到允许后才可离去。

自习课，自动进入“自习模式”

上课铃响起，按照课程表，应该有老师来上课。但是，可能由于某种原因，授课老师没有按时到课堂。这个时候，教室可能就乱了套：有闲聊的，有起哄的，有大声喧哗的，甚至有追逐打闹的……直到有老师来，教室才会安静下来。

> **教养金句**
>
> 为学从切实处下手，自不落空。
>
> ——明末清初·颜元

我们要知道，上课铃响，是让同学们集合，停止休息活动，集中精力进入课堂学习模式。所以，只要是上课铃响起，不管有没有老师到课堂，同学们都要按照课堂纪律要求安静下来。如果老师该来没来，我们应该自动进入“自习模式”。必要的时候，班干部可以向学校报告老师缺勤这一情况。我们可以一边自习，一边等待老师来上课。这不仅是对课堂纪律的遵守，更是对上课老师的尊敬。

自习时，不要随意在教室走动

自习课，因为没有老师在场，有些同学不是离开座位跑到同学座位那里，就是在教室进进出出、频繁地开关教室门。自习时，在教室来回走动，不仅自己不能安心自学，还会严重干扰其他同学上自习。

其实，自习课也是课，和老师上课时的课堂纪律一样。随意在教室走动，属于严重的违纪行为。

所以，在自习课堂上，在自己座位要坐安稳，不要随随便便离开座位走动。

自习课要保持安静

自习课虽然没有老师在，但也应该保持安静。但有些同学就是不自觉，发现老师不在，行为就开始自由散漫了。

有些同学会在自习时聊天或讨论问题，甚至打电话、播放音乐和大声喧哗……殊不知，发出的声响会严重影响其他同学，破坏课堂秩序。

教养金句

夫学须静也，才须学也，非学无以广才，非志无以成学。

——三国·诸葛亮

（学习必须静心专一，而才干来自勤奋学习。如果不学习就无法增长自己的才干，不明确志向就不能在学习上获得成就。）

有的同学认为，自习

学无止境 温故知新

课小声地读书，向同学请教问题，像这样忙于学习而发出声音总是无可厚非吧。其实这也是不对的，因为你这样做影响了其他同学。所以，自习课重要的是保持安静，不要随意发出声音。

管住嘴巴，自习时不要吃零食

对有些同学来说，在自习课上，吃点小零食是极惬意的事。于是饼干、蚕豆、糖果、瓜子……这些成了同学们自习时常见的零食，在自习课堂吃得不亦乐乎。

如果我们在自习时吃零食，一是会发出声响，二是食物会散发出味道，这些都严重影响其他同学学习。吃零食还制造了垃圾，破坏班级环境卫生。可以说，自习时吃零食，是对自习秩序的严重破坏，是非常失礼的行为。

特别是住校生，长时间的自习，用零食给自己补充一点能量无可厚非。但一定要在休息时找个合适的地方吃东西，千万不要在教室自习时吃零食。

图书借阅的礼仪规矩

读书是为了增长知识、净化心灵、提高自身素质和修养，进而成为知书达理之人。图书馆是人们查阅资料、借阅图书和学习研究的地方。它与教室一样，是获取知识的殿堂，也是很多人希望保持静谧氛围的公共场所。这就要求学生必须遵守一定的礼仪和规矩，共同营造文明舒适的阅读环境。

进入图书馆，言行举止都要小心

图书馆是一个文化氛围十分浓厚的地方，也是我们在校学习的重要场所之一，人员众多。所以，我们进入图书馆时，要格外小心自己的言行。

教养金句

忧愁非书不释，忿怒非书不解，精神非书不振。

——明末清初·颜元

进入图书馆，要保持安静，不要高声说话，也不要在座位上交谈，以免影响他人学习，打断思考者的思路。走路步履轻盈，不和同学追逐打闹；入座时移动椅子要轻挪轻放，不随意搬动馆内的设备、桌椅。检索卡片时动作轻缓。去书架上找书，要轻取轻放。要端正坐好阅览图书。即使阅览室内人很少，也不能利用空座位躺卧休息，以免破坏图书馆的气氛，同时这对周围的读者也不礼貌。

在图书馆看书，看完要归位

进入图书馆，我们经常看到这样的情景：有的同学从历史类书架上抽取的书，看完后放到文学类书架上；有的同学从美术类书架上抽取的书，看完后放到科技类书架上；还有的同学看完书后不放回任何架子上，而是随手丢在椅子、窗台上等不适合藏书的地方……这样把书籍的类别混淆、随意给它们搬家，只能给别人带来麻烦。

胡乱给书归位，容易给后来读者找书增添困难，浪费别人时间；随意放置书籍，容易使书籍因为得不到保护而被意外损毁；到处乱放书籍，会造成书架混乱，不整齐、不美观，也给学校的工作人员增加了工作量。

教养金句

列典籍，有定处；读看毕，还原处。

——《弟子规》

在学校图书馆看完书，一定要将书放回到原位。如果在图书馆看到被放错位置的书籍，应主动将其归位。

爱护图书，毁坏图书是不道德的

在学校的图书馆里，当我们好不容易找到一本自己需要的书时，说不定就会发现，这本书已经破烂不堪，内页很脏，而且我们想看的那一部分已经丢了。出现这样的情况，是之前的读者不爱惜图书，甚至是有意毁坏图书造成的结果。

图书是知识的载体，是我们学习的重要工具，所以爱护图书十分重要。不少同学看书时有折角、在书上画重点号或做其他标记的习惯，但对图书馆的书可不能这样。至于有意把自己需要的文字、图片撕下来，则更是不道德的行为。

作为一个有教养的学生，应该爱护图书。阅览时应轻翻书页，尽量不发出声音；翻页时不要沾唾沫。对图书不折叠、污损，不乱涂、乱画，更不能撕扯书页，要保持其整洁。自己看书期间书籍有损毁时，不妨主动而细心地对其修补，用实际行动去爱护图书。

及时还书，不要做图书馆的“书霸”

不知道你意识到了没有，我们从图书馆借出的书，可能是其他同学急着要看的。但是，因为我们迟迟没有归还，其他同学就看不到了。还有的同学在图书馆里看书，一下子借好几本书，

教养金句

有借有还，再借不难。

——俗语

虽然自己看不完，但就是这样占用不还，别人想看也看不到。

从图书馆借书不及时归还，或者在图书馆同时占用几本书，我们称这样的人为“书霸”。他们常常这样“霸占”图书，造成图书资源的积压和浪费，这样的行为十分不当。

通常的做法是，在图书馆看书时，一次只能看一本。自己暂时不需要的书，应该及时放回书架。写作文、查资料必须同时参考几本书时，可以一本一本地借阅，要避免“霸占”图书的事发生。

实验操作的礼仪规矩

学校的实验室是一个特殊的学习课堂，是让学生通过实验去探索文化知识，并培养学生的科学实验能力。实验室内的许多药品都是可燃、易爆、有腐蚀性或有毒的危险品， 稍有不慎，就会发生触电、着火、爆炸、中毒、割伤和烧伤等意外事故。所以，进入这个特殊课堂，除了一般课堂礼仪外，还有很多礼仪规矩要遵守。

进入实验室，手脚一定要轻

进入实验室，手脚轻是基本的要求。因为在实验室里，有易碎的玻璃器皿，有精密的仪器，有危险的化学药品……可以说，实验室处处隐藏着危机。稍有不慎，就会打破玻璃器皿，损坏精密的仪器……如果不小心造成化学药品泄漏，轻则会造成室内环境污染，重则会造成人身伤害。

所以，进入实验室，不能慌里慌张。接触器具、药品时，动作

$C+O_2$ 点燃 CO_2
CO_2+C 高温 $2CO$

要轻且规范，切忌冒失。行走要稳健缓慢，切忌和同学在实验室里面追逐打闹。

实验室里的物品，不要随便碰

到人家做客，如果随便触碰主人家的东西，就是十分不礼貌的行为。进入实验室后，有些同学对实验设施、器材和化学药品充满好奇，不是想摸摸这个，就是想碰碰那个，这样的想法和举动也是要不得的。

我们的操作方法不当，同样容易造成实验设施和器材损毁，给实验室造成损失；同样可能让有毒的化学药品泄漏，造成环境污染或对人造成伤害。

所以，进入实验室后，一定要管好自己的手。对里面的实验设施、器材和药品，可以用眼看，但是没有得到老师的允许，千万不能随便伸手去碰摸。

做实验，一切行动要听老师的指导

实验设施、器材如果操作不当就容易被弄坏，实验室里有的化学药品是有毒的。那么，在做实验的时候，怎么做才能保证安全呢？

与其说遵守实验室规章制度是安全实验的保证，不如说良好的礼仪习惯才能保证实验安全。因为规章制度只是对人的一种临时约束，而礼仪习惯才是根本的素养。

教养金句

人有礼则安，无礼则危。

——《礼记》

我们听老师的话是对老师的尊重，更是一种礼貌。做实验，一切行动要听老师的指导！在做实验的时候，端坐在实验台，按照老师的指示一步步规范操作。如果养成了这样的礼仪习惯，就极大程度保证了实验的安全。

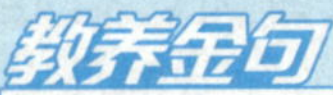

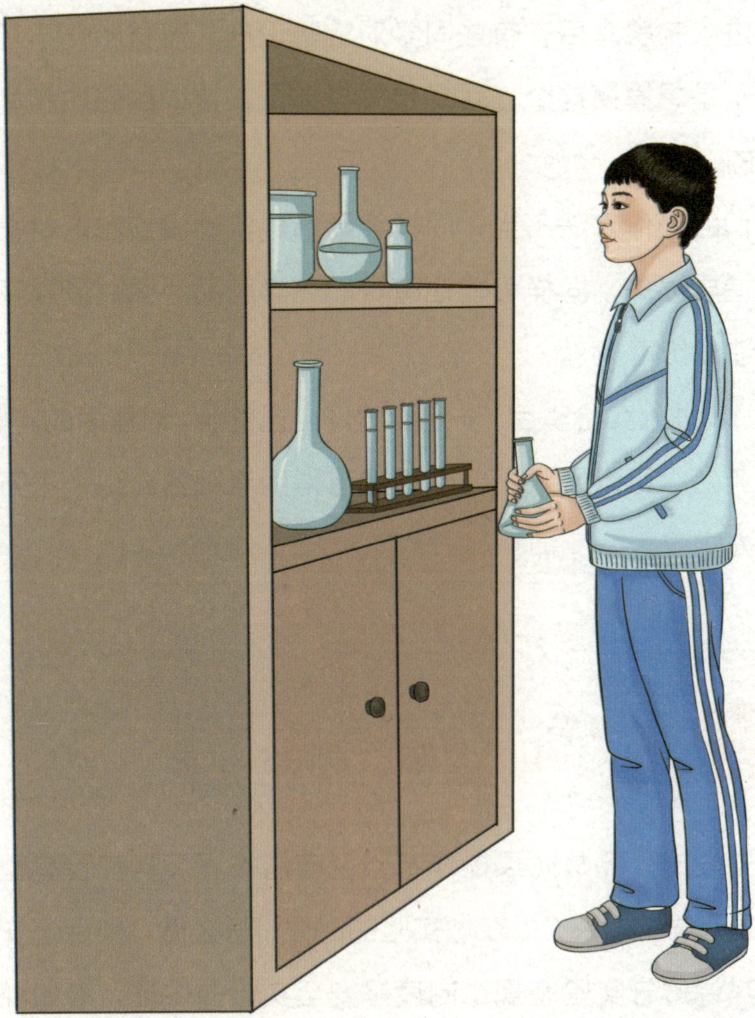

可见，“听老师的”这一礼仪习惯，在实验室发挥的作用真的不算小呀！

做完实验，一定要做好善后工作

我们做完实验以后，是否就可以一走了之呢？回答是否定的。做实验，会留下被污染的器皿，留下化学残液、残渣等废弃物，实验设施和器具会被弄得乱七八糟。如果我们一走了之，让实验室管理员和老师帮我们收拾，这实在是说不过去的。

做完实验后，我们一定要做好善后工作。在老师的指导下，帮助倾倒化学残液、残渣等实验残留物，认真地将化学器皿清洗干净，并摆放整齐。将实验设施和实验器材收拾好，实验台收拾干净，方便后来做实验的同学再次使用。

其实，实验结束做善后工作，犹如饭后需要我们收拾碗筷一样，是一种必须的程序，更是一种良好礼仪的体现。

实验室里的药品，不要私自带出

在化学实验课上，我们对神奇的化学反应充满浓厚的兴趣，做完实验后，往往意犹未尽。于是，有些同学会觊觎实验室里的化学药品，私自将化学药品带出实验室。

有些化学药品是危险性药品，可能会导致意外事故。所以，私自将化学药品带出实验室，是严重违反实验室规定的行为。对化学药品，用多少取多少，不能多拿或截留下来私下做实验。要两手空空地来，两手空空地走，带走的只能是实验得出的知识。

学校食堂的礼仪规矩

礼仪的培养，要从日常细微处做起。而吃饭，不仅是要填饱肚子而已，更体现一种文化，是培养良好素质的开始。正如《礼记·礼运》所说："夫礼之初，始诸饮食。"所以，不仅吃相要雅观，不能狼吞虎咽，而且要懂得就餐礼仪，文明用餐。重视校园餐厅礼仪规矩，做到吃有吃相，体现的不仅是一个人的教养，更是对他人的尊重。校园餐厅不是放飞自我的地方，要约束自己，遵守就餐礼仪，用实际行动创建学校文明新风尚。

排队就餐，不争不抢

就餐时间一到，食堂的饭菜香飘四溢。很多同学已经饥肠辘辘了，都想在最快的时间品尝到食堂的美食。

需要注意的是，不管我们多么饥饿，都要有秩序地走进餐厅，不要猛冲、猛跑、硬挤。一定要按规定时间就餐，遵守秩序，互相礼让，自觉按先后次序排队购买饭菜。不要硬挤或插队，不和一同就餐的同学争先后，更不应在排队时打闹、起哄和出现其他不文明行为。

有句名言说得好：吃饭是为了活着，而活着不是为了吃饭。所以，为了吃饭而去与同学争抢是非常不文明的行为。

尊重工作人员，有话好好说

排队购买饭菜，食堂工作人员忙不过来时，要耐心等待。不要敲柜台、敲餐具或挥舞手臂，也不要“师傅、师傅”地叫个不停，更不能隔柜台伸手拉食堂工作人员的衣袖、衣角，这些做法都是失礼的。轮到自己打饭时，要客气地讲话。打饭后，应礼貌地说声“谢谢”。

尊重食堂工作人员的劳动，衷心对他们为大家的服务表示感谢。如果对食堂工作人员有意见，须通过老师向其提出，不要与食堂工作人员发生争执。吃饭时，如果发现饭菜有异物或有质量问题，可找有关管理人员有礼貌地说清楚，以帮助食堂改进工作，提高服务质量；不可情绪冲动，大发脾气，失去理智，吵闹不休。有话好好说，不要当着食堂工作人员的面抱怨饭菜不好。如果有必要，可以用婉转的语气去建议。如果一味坚持粗暴无理的态度，不但不利于问题的解决，而且会引起食堂工作人员的反感，降低自己的人格。特殊情况下，吵闹还会引发学生与食堂工作人员关系的恶化。

教养金句

一个人高傲自大，只不过清楚表现出他的相对渺小罢了。

——近代·泰戈尔（印度）

文明就餐，注意你的吃相

在任何地方就餐，都要注意自己的“吃相”，在学校食堂里也不例外。

在规定时间和指定地点就餐，排队买好饭菜后，找到餐桌坐好，不随便走动。坐在座位上的时候，两脚自然并拢，双腿自然平放，坐姿自然，背部挺直。

学校食堂多使用餐盘。用餐时，不可用嘴巴直接舔、啃餐盘中的饭菜，要用饭勺或筷子将饭菜送入口中。就餐时要细嚼慢咽，不可狼吞虎咽。吃东西或喝汤时要小口吞咽、闭嘴咀嚼，尽量不发出响声。就餐时要保持安静，不打闹，不敲打碗筷。不要含着饭说话，更不可在吃饭时和同学高谈阔论、大声喧哗。和师长同学以及熟悉的人在一起吃饭，先吃完的时候要招呼“大家慢慢吃”。

教养金句

国尚礼则国昌，家尚礼则家大，身尚礼则自修，心尚礼则自泰。

——明末清初·颜元

（国家崇尚礼仪国家就能昌盛，家庭崇尚礼仪家庭就可兴大业，一个人崇尚礼仪就可以提升自己的修养，在心中崇尚礼仪就可以使心灵安泰。）

保持优雅的吃相，才符合我们的身份。

节约粮食，铺张浪费绝不可取

勤俭节约，一直是中华民族的传统美德。它不仅可以培养一个人的纯朴性格，还可以塑造坚强乐观、不怕困难的精神。古人说:“俭，德之共也；侈，恶之大也。”由此可见，古人是把节俭作为美德的。虽然今天的一些学生很“阔绰”，但铺张浪费绝不可取。

因此，我们在食堂进餐时应注意节约粮食。例如，馒头不小心掉在地上，应迅速捡起，不要碍于面子而表现得过于“大方”“潇洒”，把它一脚踢开。购买的饭菜，以吃饱

教养金句

谁知盘中餐，粒粒皆辛苦。

——唐·李绅（shēn）

（又有谁知道盘中的饭食，每颗每粒都是农民用辛勤的劳动换来的呢？）

为度，不要超量购买，以免吃不完造成浪费。

记住，节约粮食是一种美德，铺张浪费可耻。

饭后及时离开，不可长时间占座

一边享受食堂的美食一边和同学聊天；或者吃饱喝足后，几个同学坐在餐桌上边休息边聊天。对有些同学来说，这些好像都是非常开心的事。且不说就餐时高声说话是一件有失礼仪的事，单说在食堂长时间占座就不可取。

聚集在食堂里一边就餐一边聊天，就餐时间就拉长了，就造成在食堂长时间“占座”现象。在餐桌上边休息边聊天，更是如此。食堂座位有限，就餐时间有限，长时间“占座”，后来就餐的同学和老师就可能很难找到座位顺利就餐。正确的做法是，专心用餐，餐后快速离开，及时地将座位留给后来用餐者。

另外，就餐时应避免一个人占两个人的座位或少数人多占座位。

餐盘和食物残余要放到指定位置

学校食堂一般都提供餐盘餐具，我们在用完餐后，虽然不用清洗餐桌，但是，一定要将餐盘和食物残余放到指

教养金句

一粥一饭，当思来处不易。半丝半缕（lǚ），恒念物力维艰。

——清・朱柏庐

定的位置。

就餐时难免会有食物残渣和剩饭等食物残留，有的同学会连同餐盘一起丢在餐桌上、胡乱扔在地上等，这都是有失礼仪的行为。在食堂乱倒食物残余，会给人造成视觉和味觉上的不愉快，让其他就餐者倒胃口，给人留下没有教养、素质低下的印象。

所以，用餐后，我们应该将残余食物集中到餐盘里，将其倒入指定垃圾箱或垃圾桶。将餐盘里的残余食物倾倒干净后，再存放到指定位置供食堂工作人员清洗。

宿舍生活的礼仪规矩

宿舍是住宿的同学每天生活的居所，是我们健康成长的地方。良好的宿舍环境是我们享受学校美好时光的“大本营”。宿舍如家，它为我们创造了一个良好的学习和休息环境，让我们学会了如何更好地与人相处、宽以待人，也让我们感受到了团结的力量和友情的珍贵。宿舍虽小，但感情在这里凝聚，梦想在这里交汇，独特的宿舍文化已经成为我们生活中必不可少的一部分。

做宿舍的主人，保持宿舍卫生

宿舍就是一个小家庭，每个舍员都是宿舍的主人。要自觉保持卫生，爱护集体荣誉。不能有“我不干，也会有人把宿舍清理干净”的

教养金句

一室之不治，何以天下家国为？

——清·刘蓉

（如果连一个家都管理不好，怎么能治理天下呢？）

消极、懒惰的想法。相信没有人喜欢脏、乱、差的宿舍，每个人都应该积极地投入到宿舍的清理工作中，这样，宿舍这个“小家庭”才会美满和谐。

值日生自觉按时打扫宿舍，包括地面、桌椅、橱柜和门窗等。其他“舍员”搞好个人卫生，保持宿舍整洁美观。清理的垃圾及时倒入垃圾桶内，不要堆放在走廊过道处。不向窗外、走廊泼水，不乱扔果皮杂物；不向水池、便池内倒剩菜剩饭。严禁在宿舍区随地大小便。如果住在楼上，做到不向楼下扔杂物、泼污水等。

整理好内务，物品要摆放好

对住校的学生来说，宿舍是他们的主要生活环境之一，所以内务在一定程度上也能体现出这些学生的文化修养和思想修养。在宿舍内要注意整理好内务，私人物品要摆放好。

我们首先要保持宿舍整洁，定期擦洗地板、桌子、橱柜和门窗，定期打扫宿舍。被褥要折叠得整齐美观。衣服、鞋帽要整齐地放置在一定的地方。换下的脏衣服、脏鞋袜要及时清洗和晾干，未洗之前不可乱丢，要放置在隐蔽的地方。毛巾、擦脚布都要挂整齐，脸盆等其他洗漱用具应有规律地摆放在一定的地方。重要书籍、资料或手机等用品，不能乱丢乱放，要安全可靠地放在自己的书桌内或者橱柜内。

点心、饮料和碗筷等，不仅要摆放整齐，还要注意密封、遮蔽和加罩，以确保卫生。宿舍内簸箕、扫帚等公用物品，用后要及时放回原处，不随便乱放。

集体宿舍，不得轻易让外人留宿

在校住宿，可能会有家人、朋友或同学等来访，是不是可以让他们在宿舍留宿？答案通常是否定的。

宿舍是室友共有的空间，具有一定的私密性。擅自将人留宿在宿舍，就会侵犯其他室友的权益，轻则会给室友带来生活的不便，重则会给室友带来财物和人身方面的安全隐患。因为不管你和来人有多么熟悉和亲密，他对室友来说往往都是陌生人。试想，谁愿意和陌生人共处一室呢？所以，集体宿舍，不得轻易让外人留宿。

对有意留宿于宿舍的家人、朋友、同学等，要对其婉拒，要学会在这方面尊重你的室友。

室友互相关心，要像兄弟姐妹一般

小小年纪的我们离开父母而投入集体生活，必然会遇上种种困难。倘若室友能像兄弟姐妹一般互相关心，就容易克服困难，能使

宿舍像家一样温暖。

其实，室友比班级同学的关系应该更亲密一层。大家不仅在同一个教室上课，在同一个食堂吃饭，还在同一个宿舍生活，如一家人一般，相互之间应该热情关心和照顾。所以，室友之间在生活上要互相帮助。遇到室友有困难或生病，要多送温暖；当室友有不良情绪时，要及时关照和多加开导；室友间有了小矛盾，要互谅互让，严于律己，宽以待人。

教养金句

十年修得同船渡，百年修得共枕眠。

——《增广贤文》

（十年的修行才能让我们在一条船上共同渡河，百年的修行才能让我们在一张床上睡觉。）

像兄弟姐妹一般对待室友，不仅是同学相处之道，更是宿舍不可或缺的礼仪。

遵守宿舍公德，少打扰室友

住宿期间如果不注意言行，就会打扰别人。

别人午睡的时间，我们在宿舍里边哼唱边卖力地洗洗涮涮，对方一定难以入睡或者被惊醒；有人在宿舍里复习功课时，我们说笑打闹，对方一定难以安心学习。住集体宿舍时应考虑到大家的作息时间。应避免在别人休息的时候开灯、制造响声；应避免在别人休息时

教养金句

纪律是集体的面貌，集体的声音，集体的动作，集体的表情，集体的信念。

——近代·马卡连柯（苏联）

带外人进入。

在规定的休息时间里，不要高声说笑。如果要与同学商量问题，要将声音压低，不要影响别的同学休息。如果要收听广播，尽量戴上耳机；如果没有耳机或者不习惯使用耳机，就要将音量尽量调到最小。如果要使用电脑，要征得别的同学的同意，且将音量调到最低。如果要躺在床上看书，使用床头灯时，要把灯光调暗；翻书的声音也要尽量降低。

如果晚上有特殊情况必须在外面耽误一定的时间，应该与同宿舍的同学打招呼，让他们留门，以方便进出。在晚归回到宿舍的时候，一定要轻手轻脚，不要喧哗，不要吵闹，更不要故意将别的同学弄醒，影响别人的休息。

如果夜晚需要起床上厕所，要准备一个小手电筒，尽可能不要打开宿舍的灯。在休息时间，要关掉手机，或者设置为震动；打电话时要走出宿舍，声音尽量放小。

到宿舍去串门，言行都要注意

到宿舍去串门是常有的事情，如果一些小细节处理不当，也会引发同学间的矛盾。我们要遵守一定的礼仪，讲究文明礼貌，以礼待人。应在有同学相邀，或得到该宿舍其他同学允许时，才可以串门。进门后，应主动向其他同学打招呼，并且只能坐在邀请我们的同学所属的位置上，不能随处乱坐。不能乱用别人物品，不能乱翻别人的东西。讲话声要轻，串门时间要短，不能坐得太久，以免影响其他同学的正常作息。

到异性同学的宿舍去，最好是确实有事情才能去串门，一般不随便去异性宿舍。还要选择好进宿舍的时间，不要选择在多数同学要处理生活问题的时候去，更不要熄灯后过去。要注意的是，进门前要打招呼，在得到该宿舍同学允许后方可进去。而且谈吐要文雅，逗留时间要更短暂。

到同学宿舍去串门，准备离开的时候，要向所有的同学表示感谢，并道声“再见”。

在宿舍，接待来客讲礼节

宿舍是个大家庭，而不仅仅是个人休息的场所。在狭小的空间里，大家每天都要生活在一起。因此我们要互相尊重，妥善处理好个人和集体之间的关系，包括接待自己或他人的客人。

如果要请亲友到宿舍，一定要把邀请亲友的事情告诉同宿舍的同学，最好提前告知。如果来不及，也应与一个同学打招呼，让他告诉其他的同学。

将亲友带到宿舍，用自己的物品给亲友洗脸、喝水，不要动别人的东西。不要在别的同学面前乱问、乱说。当同学回来的时候，要介绍同学与自己的亲友认识。在接待亲友时，交谈声音不要过高，注意不要打扰其他同学的休息。不要让亲友在宿舍待的时间过长，尽量不要留宿。实在没有办法，也一定要征得同学们的同意才留宿，并且要向宿舍管理员报告，做好备案工作。

在别的同学的客人来的时候，一定要热情地问好，不要冷漠。注意回避，让他们好好地交谈。

当学校有关人员（如学校领导视察、学生会干部例行检查）进入宿舍时，应主动起立，问好、让座、热情交谈，并协助其完成相关任务。当其告辞时应以礼相送，并说“再见”或“欢迎再来”。送走他们后，应轻轻关门。

爱护宿舍的公私财物

在宿舍里，要爱护一切公共设施和公物，养成随手关灯、关门窗的好习惯。节约用水，卫生间的水用过以后，要及时关上水龙头。不在墙上乱写、乱画、乱钉。不要破坏宿舍中的任何设施，如床、桌子等。不损坏宿舍区的各种设施；如果无意中损坏了，应主动报告并自觉赔偿。

> **教养金句**
>
> 把自己的私德健全起来，建筑起“人格长城”来。由私德的健全，而扩大公德的效用，来为集体谋利……
>
> ——现代・陶行知

宿舍中同学的私人物品应该得到大家的爱护。不要用脚踢挪别人的箱子、桶、盆等生活用具；如果别人的物品放置得不好，就提醒他放好一些。不要乱动别人的东西；如果需要使用，要先征得别人的同意才能动用。

爱护公私财物，不仅体现出一个人良好的素养，更是创建和维护美好的宿舍环境必需的品质。

课外活动的礼仪规矩

每一个学生都离不开集体。在集体活动中讲究文明礼貌，是每一个学生都应遵守的基本道德规范。它是学生思想品德的外在体现。参加集体活动，要顾全大局，一切行动听从指挥，重视安全纪律，服从管理，团结协作。在集体生活中遵循集体活动礼仪规矩，能有效培养同学们的集体意识。自己尊重集体，也会得到其他集体成员的尊重。

集体活动不拒绝，重在参与

在学校里，常常有一些以班级为单位的集体活动，但是，有些同学对集体活动热情不高。

教养金句

任何一种不为集体利益打算的行为，都是自杀的行为，它对社会有害。

——近代·马卡连柯（苏联）

组织联欢会时，明明很

善于表演却死活不肯出节目，别人会觉得我们做作；举行足球比赛时，有实力却找借口不参加，别人会觉得我们摆架子；开展墙报设计活动时，有很好的创意而不肯贡献，别人会觉得我们心胸狭窄。不积极参加集体活动，会使人觉得我们缺少合作精神，甚至排斥与别人交往、看不起大家，从而让人误解和疏远。

除非有特殊原因，否则不应拒绝参加集体活动。参加集体活动时，应积极、踊跃。在集体活动中自己有能力上场时，不应退缩。

参加学校的集体活动要穿校服

学校举行集体活动时，通常会要求同学们穿校服。如果我们故意不穿，就说明不懂礼仪。

参加运动会时不穿校服，列队集合或者上场表演时，我们会破坏集体形象；参加集体参观时不穿校服，接待方可能会认为我们是混进来的而拒绝请我们进入；与其他成员一起参加集体辩论赛时不穿校服，我们的突兀会破坏团队的整体和谐形象，同时还可能影响团队的合作精神，并且容易使观众对我们产生不合群、性格乖戾的印象。参加集体活动时如果有规定，应按规定穿校服。穿校服时应按规定正确穿着，注意自己的言行举止。

体育有特长，要分享不要炫耀

某一项体育运动可能是我们的运动强项，于是，这就成了我们在运动场向同学炫耀的资本。向同学炫耀自己的体育特长，不仅是一种失礼的表现，更是一种自满的表现，不利于这项体育技能的进一步发展。要知道“天外有天，人外有人”。再说，每个人都有自己的特长，自己的某一项运动特长，没有什么值得炫耀的。

> **教养金句**
>
> 谦受益，满招损。
>
> ——《尚书》

不管任何时候，谦虚都是一种美德。在校园的运动场上，不要向同学炫耀自己。最好是谦虚地向同学和校友分享自己的运动经验，如足球怎么踢，乒乓球怎么打，单杠怎么玩……利用自己的某项运动经验去提高同学们该项运动的水平，这样才能赢得同学们的认可和尊重。

集体参观要列队，要有组织有纪律

讲秩序是一种素养。在日常生活中，排队、依顺序而行是讲秩序的表现，也是一种常见的礼仪习惯。

集体参观博物馆、展览馆等场馆时不列队，一窝蜂的状态会严重影响场馆的秩序，影响场馆和谐的氛围，破坏其他参观者的心情；参观实验室、工厂、企业时不列队，会给参观对象的正常工作带来负面影响。如果参观内容包括观看某些工作程序，许多人就会因为拥挤、混乱而无法正常有效地达到目的。集体参观时不列队，会使集体缺少队伍应有的整齐和美观，也容易影响其他人的活动，并且不利于提高效率，严重的是给别人留下无组织、无纪律、集体素质低的印象。集体参观时应自觉排队，自觉维护所在队列的秩序，避免与其他集体发生争抢、冲突。

教养金句

矩不正，不可为方；规不正，不可为圆。

——西汉·刘安

注重体育道德，运动中不欺负弱小

操场是公共的运动场所，学校的每一位同学都有权在里面参加体育运动。所以，在操场上参加体育运动的人，有高年级的同学，也有低年级的同学；有体格弱小的同学，也有身体健壮的同学。高年级的同学不能欺负低年级的同学，强壮者不能欺负弱小者，这是我们必须遵守的学校体育道德。

在操场上，杜绝霸道行径，礼让低年级同学或弱小同学。比如他们已经占用的运动场地和运动器械，自己要做到不争不抢。在踢足球、打篮球这样身体对抗较强的运动中，要保护好低年级同学或弱小同学。自恃强壮而有意推搡弱小同学，甚至因此给他们造成身体伤害，是不讲体育道德的表现。

校园运动，不要争强好胜

校园里，和同学比比篮球、比比跳绳、比比跳远……这样的比赛经常见到。同学们在比赛中你追我赶，不仅提高了运动水平，还锻炼了身体、强壮了体魄。

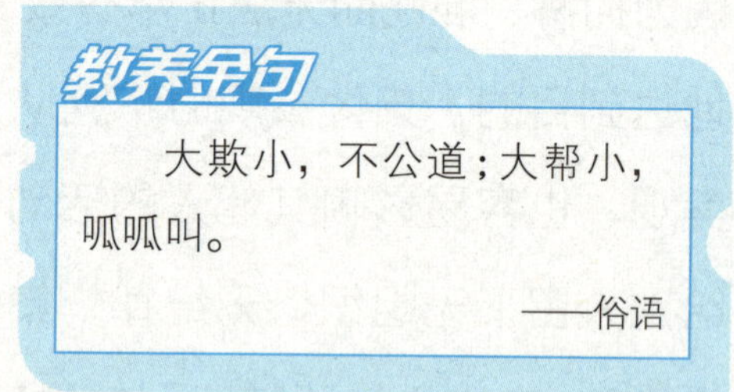

在这些小小的比赛中，有的同学却争强好胜，要是输了一定会不服气，或是言语挖苦讽刺对手，或是不依不饶不断要求比试。有的同学求胜心切，因为过于用力而给自己造成不必要的运动伤害。

校园运动，同学之间来一次小小的竞赛是常有的事，但赢了不要得意，输了要服气。比赛的主要目的只是更好地锻炼身体，输赢都是次要的，争强好胜是有失风度的行为。

体育竞赛，要“友谊第一，比赛第二”

在校园里，同学之间，班级之间，学校之间，来一场体育比赛是常见的事。但是，学校里的任何比赛都要本着“友谊第一，比赛第二”的原则，这是参赛者有风度的表现。

学校的比赛，主要是为了增进比赛者之间的友谊，激发同学们积极投身体育运动，锻炼身体的热情。其次是切磋体育技术，共同提高体育技能水平。

所以，在参与或观看学校体育比赛的时候，比赛的参与者要学会欣赏和肯定自己的对手，比赛的观看者不要忘记给对方的参赛者加油和喝彩。我们要记住，“友谊第一，比赛第二”才是校园体育比赛的真正意义所在。

不要长时间占用运动场地和器材

学校人多，而运动场地和运动器材往往有限，于是就会出现“僧多粥少”的现象。例如，篮球、乒乓球、羽毛球等都是大家喜欢的运动项目，而在一些学校里，仅有一个篮球场，仅有一个乒乓球桌，仅有一个羽毛球场……于是这些便成为校园里稀缺的运动资源。

教养金句

五千道德阐，三百礼仪成。

——唐·李峤（qiáo）

（五千年道德教育和规范，形成了一个具有多种礼仪的泱泱大国。）

假如我们长时间使用某个运动场地和器材，其他同学只有看着的份，这是十分不合适的，还有可能会引起公愤。因为学校的运动资源是大家共有的，谁都无权长时间占用，要轮流使用。所以，我们在运动时，不要长时间占用某一个运动场地和器材，适当的时候，要让其他同学用一用。

大字彩绘版

中国孩子要懂的礼仪规矩

雷子 编著

下册

社会交往篇

天津出版传媒集团
天津人民美术出版社

图书在版编目（CIP）数据

中国孩子要懂的礼仪规矩. 下册，社会交往篇 / 雷子编著. -- 天津 : 天津人民美术出版社，2024.1
ISBN 978-7-5729-1419-5

Ⅰ. ①中… Ⅱ. ①雷… Ⅲ. ①礼仪－中国－儿童读物
Ⅳ. ①K892.26-49

中国国家版本馆CIP数据核字(2024)第021426号

中国孩子要懂的礼仪规矩（上下册）
ZHONGGUO HAIZI YAO DONG DE LIYI GUIJU(SHANGXIACE)

出 版 人：杨惠东
责任编辑：刁子勇
助理编辑：孙　悦
技术编辑：何国起　姚德旺
出版发行：天津人民美术出版社
社　　址：天津市和平区马场道150号
邮　　编：300050
电　　话：(022)58352900
网　　址：http://www.tjrm.cn
经　　销：全国新华书店
印　　刷：大厂回族自治县德诚印务有限公司
开　　本：710毫米×1000毫米　1/16
版　　次：2024年1月第1版　第1次印刷
印　　张：23.5
定　　价：98.00元（上下册）

社会交往篇
下册

礼仪是人类为维系社会正常生活秩序，而要求人们共同遵守的最起码的道德规范，也是人们在长期的相互交往过程中逐渐形成，并且以风俗、习惯和历史传统等方式固定下来的规矩。对个人来说，礼仪规矩是一个人的思想道德水平、文化修养、交际能力的外在表现。

规矩，原本分别指测量、绘图工具，之后被引申为准则、法度。中国自古就讲究规矩意识，在这方面留下了许多经典论述。比如《孟子》中提出："离娄之明，公输子之巧，不以规矩，不成方圆。"强调做事要遵循一定的法则。《管子》中提道："规矩者，方圆之正也，虽有巧目利手，不如拙规矩之正方圆也。"《吕氏春秋》中写道："欲知平直，则必准绳；欲知方圆，则必规矩；人主欲自知，则必直士。"这些都表达了规矩的约束对于矫正自我认识、自我言行的重要意义。"中国有礼仪之大，故称夏；有服章之美，谓之华。"我们华夏民族自古被人盛誉为"衣冠上国、礼仪之邦"，泱泱五千年华夏文明，祖辈给我们留下了很多这样的规矩，都是对我们为人处世提出的基本要求以及相应的礼仪规范。

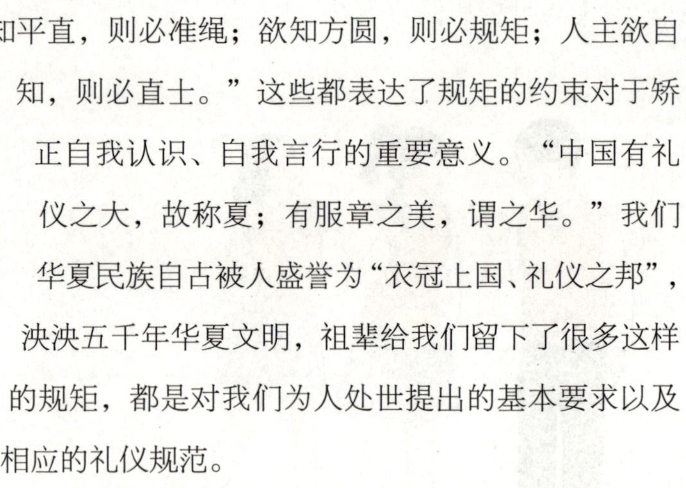

在古代，礼仪强调的是良好修养的外显，注重观照他人；规矩强调的是良好素质的内修，注重约束自

已。如今，规矩已经被纳入“礼”的范畴——礼貌、礼节、礼仪等，这些说起来就是规矩，规矩和礼仪几乎融为一体，成为中国人自古以来就遵守的做人法则，是一个人重要的素养，是一个人有教养的体现。今天，对我们每个人来说，遵守礼仪规矩是家庭教育的核心内容，是学校教育的重要部分，是社会教育的基本要求！遵守礼仪规矩是新时代每个人必须具备的修养。

我们在评价一个孩子时，往往喜欢用“懂事儿”这个词。什么叫懂事儿？说白了，就是说这个孩子讲礼仪、懂规矩。孔子说“不知礼，无以立”，孟子提出“不以规矩，不能成方圆”，所以遵守礼仪规矩是每个孩子成长的必修课。那么，对教养孩子来说，要遵守哪些礼仪规矩呢？

中国人的礼仪规矩有很多条，体现在生活的不同方面，但是孩子活动主要是在家庭、学校和社会，对礼仪规矩的遵守也主要表现在这三个地方。《中国孩子要懂的礼仪规矩》以这三个地方为切入点，告诉孩子在家庭、学校和社会必须遵守的礼仪规矩，教孩子如何行事，如何待人。

本书既继承了传统的礼仪规矩，又融合了新时代的行为规范。提倡的礼仪规矩以“礼”为内容，以“德”为精神。教孩子如何在自己的一言一行中彰显出良好的教养，教会父母如何从细节处落实门风家教。

目录

社会交往篇

寒暄问候的礼仪规矩

与人握手的礼仪规矩

身体姿态的礼仪规矩

说话交谈的礼仪规矩

即时通信的礼仪规矩

朋友相处的礼仪规矩

访友做客的礼仪规矩

往来馈赠的礼仪规矩

探望慰问的礼仪规矩

涉外出访的礼仪规矩

参加宴会的礼仪规矩

公共场所篇

社会常见的礼仪规矩

过路行走的礼仪规矩

楼梯廊道的礼仪规矩

商超购物的礼仪规矩

乘坐公共交通工具的礼仪规矩

社区生活的礼仪规矩

游览景区的礼仪规矩

网群空间的礼仪规矩

文体场馆的礼仪规矩

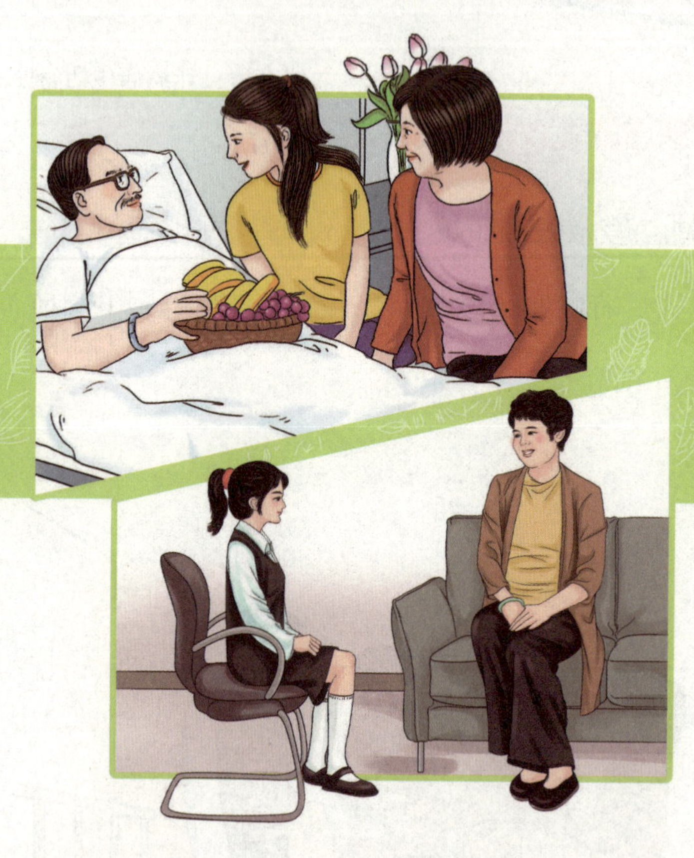

社会交往时我们能处处遵守礼仪规矩，等于拥有了步入社会的通行证、走向成功的立交桥，所以，我们一定要学一学社交礼仪规矩。社会交往篇按照我们的活动特点讲述社交礼仪，通过具体情形，告诉我们参加社交活动时如何遵守礼仪规矩，内容涉及参与社交时的仪态、动作、交友宜忌、信息通信、语言交流、出门拜访、待客用餐和涉外交往等各个方面。让我们从小掌握一定的社交礼仪规矩，做一个有教养的孩子，也为长大后很好地融入社会打下良好的基础。

寒暄问候的礼仪规矩

寒暄和问候是生活中必不可少的，在各种场合中，这是互相表现友好、向他人表示亲近的方式。见面问候虽然只是打招呼、寒暄或是简单的三言两语，却代表着我们对他人的尊重。那么，问候有哪些礼仪规矩需要我们掌握呢？下面就来看看见面时问候的礼仪规矩吧！

和人打招呼忌把手插在口袋里

把手插在口袋里打招呼，是轻视别人的表现，是有失礼仪的。

手插在口袋里和人打招呼时，除了使用语言，就只能使用眼神和头部动作。试想：一个人傲慢地冲你微笑一下，然后点几下头，如此打招呼是不是很令你失望呢？没有人愿意理会不尊重自己的人。看似无关紧要的动作，实际上已给别人留下了不懂礼貌的印象。

打招呼时应把插在口袋里的手拿出来。打招呼时，可以将一只

胳膊举起，掌心向外，左右摇晃手掌。你也可以小幅度、有规律地上下屈伸手指，手势要自然。如果遇到久违的朋友，你可以举起双手，用力挥舞向对方打招呼。

所以，和人打招呼时，一定要用好自己的肢体语言，这样才是有礼貌地打招呼。

尊重长辈，晚辈要先向长辈打招呼

尊重长辈是中国的传统美德。路上相遇、上门拜访，长辈已经向你投来问候的目光，你却面无表情，径直走向对方，死活不肯张开“金口”，这于情于理都不合适。等着长辈先打招呼，对长辈而言很丢面子；在别人眼里，你缺少教养。

> **教养金句**
>
> 叫人不蚀（shí）本，舌头打个滚。
>
> ——谚语

无论是因为你觉得长辈不值得尊敬，还是因为你害怕长辈的威严，你的沉默在长辈看来都是示威和轻蔑。如果长辈比较孤独且敏感，你的沉默还可能对他造成伤害。沉默并不能表达你的问候，因此，见到长辈千万不要不开口。除非是在厕所、澡堂等地，否则在任何时候遇到长辈，晚辈主动问候都是必需的礼仪。当你偶遇长辈而没有注意到对方时，一定要在发觉后第一时间主动而礼貌地打招呼。即使是在你匆忙赶路或有事在身时，也不要忘了主动向长辈热情地招手致意。

和别人打招呼，要注意你的声调

称呼别人时，你的声调很重要。一样的话语，不同的说话声调，意思可能会大不相同，如果不加以注意，可能会让对方不高兴。

例如：和获奖者打招呼，称呼获奖者时声调夸张，对方会以为你不是在祝贺他而是在嫉妒他、奚落他；在楼道里称呼比自己成绩差的同学时语调透出尖刻，对方会以为你看

> **教养金句**
>
> 人不可貌相，海水不可斗量。
>
> ——俗语

不起他；在涉外场合称呼外宾时声音过于甜腻，对方会以为你虚伪而谄媚；自己心情不好时称呼别人带着抱怨的语气，别人会以为你对他有意见；自己兴高采烈时称呼一个刚遭遇不幸的人，对方会以为你幸灾乐祸。

其实，声音也是有感情的。一般来说，称呼别人时，音量要适中，声调应和缓、热情；表情和姿态要大方、从容；在同一个场合分别称呼同时在场的几个人时，声调、语气和音量不要有明显变化，以免给人造成不必要的误解。

打招呼时要看着对方的眼睛

眼睛是极能传情达意的器官，目光是人际交往中重要的交流媒介之一。如果没有眼神的交流，礼貌而得体的交际就无从谈起。

打招呼时不看对方的眼睛，首先会让对方怀疑你不是在向自己打招呼；紧接着，对方又会质疑你的诚意——你是害怕我、讨厌我，还是看不起我，不屑与我打招呼——这样是不是在无意中就得罪了对方呢？

打招呼时不看对方的眼睛，就无法让对方感受到尊重。看着别人的眼睛说话才不失礼仪。打招呼时看着对方的眼睛，这个招呼才算得体。如果不习惯看人眼睛，也可以看对方眉毛之间、额头、鼻梁。打招呼时，态度要热情大方，说话要吐字清晰。打招呼时，目光不要游移不定，不要不停地四处逡巡，也不要目不转睛地盯着对方。

寒暄要适可而止，不要喋喋不休

寒暄是我们日常见面极平常且简单不过的礼仪。彼此微笑一下，互相说一声“你好”，几秒钟时间已足够。如果你寒暄起来无休无止，问候过“你好”，紧接着又问“你父母好吗”“你家的宠物好吗”……必定会让人不胜其烦。

寒暄的作用就是打招呼，表示双方看到彼此了。寒暄的内容无非就是问候彼此，谈谈天气。关系好一点儿的，询问对方最近怎么样、家里人如何等，通常不会有实质性内容。无论你与对方关系如何，如果把寒暄变成“废话联播”，你的礼貌就变成了对方的负担。换言之，如果你在路边或门口看到两个人伫立着喋喋不休地寒暄，必定会感到很滑稽。如果他们的声音很大，你就会为自己受到了干扰而不开心。

寒暄，还是适可而止为好。如果你们以寒暄为切入点，准备开始一场正式的沟通，那么赶快换个地方，以免隐私泄露。如果遇到许久不见的人，你可以多说几句，但最好不要超过3分钟。如果你和对方关系一般，不要询问私密性问题，如对方身体是不是不好。如果对方很忙，不要刻意地和对方寒暄，招招手、点点头即可。

有序介绍，讲究顺序不得罪人

作介绍不讲究顺序？千万别觉得这样做会显得介绍灵活自然。

作介绍很随意，对应该被先介绍的人而言是不敬，对应该被后介绍的人而言是揶揄；在正式场合作介绍不讲究顺序，会降低所在场合的档次和水准；在私人场合作介绍不讲顺序，会引起尊者的不满。无论在什么场合、为什么人作介绍，不讲究顺序都说明你不懂得礼仪规则。

作介绍时，应把晚辈介绍给长辈，把地位低者介绍给地位高者，把家人介绍给客人。介绍两个集体时，应该先介绍规模小、地位低的集体，并按照其成员身份由高到低的次序分别介绍。

为他人作介绍，要注意时机才礼貌

别人正在和同伴讨论问题，你突然插入他们要介绍一个刚认识的朋友，对方一定会因为受到打扰而不快；别人正在忙于其他事，你强行把他介绍给陌生人，对方一定没有心情接受；别人正在欣赏艺术作品或投入地运动，你上前为他介绍自己的同伴，对方一定会心不在焉；别人刚听到一个坏消息，正陷入忧伤，你上前热情地为其介绍新朋友，对方会觉得你不会察言观色，不懂得体谅别人；别人正准备赶路，你热情地邀请他认识某人，对方一定不胜其烦。

为他人作介绍不看时机，可能会招人反感。所以，作介绍时一定要看时机。一般来说，介绍和被介绍双方都有空闲，并且现场的气氛比较融洽为好。

被别人介绍时，要面带微笑

被别人介绍时要注意表情和动作。

> **教养金句**
>
> 人家夸，一朵花；自己夸，人笑话。
>
> ——俗语

被介绍给别人时无精打采、心不在焉，另一方会觉得你不值得交往，介绍人会觉得你辜负了他的好意，或者疑心你对被介绍的人心怀不满；被介绍给别人时盛气凌人、态度倨傲，另一方会认为你高傲而难以接近；被介绍给别人时与其他人谈笑说话，另一方会觉得你看不起他，介绍人则会觉得你不给他面子……

被介绍给别人时，一定要杜绝上述“非正常”的表现。当别人介绍自己时，表情和动作要自然，要面带微笑，展现良好的精神状态。被介绍的同时应礼貌地向介绍人和对方点头致意。被介绍完毕后，应亲热地向对方问好，并适当地寒暄一番。

与人握手的礼仪规矩

两人相向，握手为礼，是当今世界最为流行的礼节。人们在见面、告别、祝贺、感谢、相互鼓励、久别重逢、赠送礼品时都用握手来表达对对方的感情和态度。不仅是熟人、朋友，就连陌生人、对手，都可能握手。那么，握手有哪些礼仪规矩需要遵守呢？

与人握手，不可拉着不放

遇到多年不见的朋友，握住对方的手就不放；看到自己崇拜的偶像，握住对方的手久久不舍得放开。你这样做也许自以为热情有加，在对方和别人看来却很不礼貌。

握住异性的手长时间不放，会令对方感到自己受到骚扰；即使握住好朋

教养金句

善气迎人，亲如弟兄；恶气迎人，害于戈兵。

——春秋·管仲

（待人面目和善，就会如兄弟一样亲近；待人态度恶劣，就同面对刀枪一样有害。）

友的手长时间不放，也会令对方心烦。如果你握手的对象有事需要马上去做，或者他周围还有许多人等着和他握手，你这样做就是浪费大家的时间。

不要握着别人的手不放，除非是在私下场合，并且对方乐意这样做。一般情况下握手要避免时间过长。握手持续 3 秒钟左右就要及时放下。握手的同时应该露出热情和友好的表情。握手的同时不要说太多客套话，也不要显得太殷勤、卑躬屈膝。

有礼貌地握手，一定要注意场合

握手是一种礼节，但是不看场合握手，就不能说是礼貌之举了。

在交际礼仪中，听名人作报告，对方报告完毕，正在喝水解渴，你热情地伸手相握，无疑是对他的不敬；初次拜访别人，对方正在接电话，你迫不及待地与对方握手，显然是对他的打扰；别人双手抱着一堆资料从图书馆出来，你殷勤地伸手与对方握手，明显是给对方出难题；参加社交聚会，看到一个朋友正在和别人交谈，你马上要求握手，一定会被人视为冒犯。

握手不看场合会引起误会和尴尬，因此，握手之前一定要事先“观察好形势”。与人握手应选择合适的时间和场合。握手的同时应该看着对方的眼睛，并致以问候。在餐桌上、厕所里以及别人有急事在身时，不要与之握手。

握手，请摘下你的手套或墨镜

戴着手套握手不能说明你很讲卫生，正如戴着墨镜握手不能说明你有神秘迷人的气质。注意，这都是不礼貌的做法。

戴着手套握手，别人会感觉不到你的温度；戴着墨镜握手，别人看不到你的眼神，无法感知你的内心，无法相信你的真诚。在交际礼仪中，如果你的地位高于对方，这样握手是在表示自己身份高贵，不屑与对方接触；如果对方的身份高于你，这样握手是对别人的轻蔑和戒备。当别人主动伸手与你握手时，你戴着手套或墨镜会让对方感到失望。握手前应该把手套或墨镜摘下，如果有特殊情况，一定要事先说明并道歉。在社交场合，女性戴薄纱手套与人握手是被允许的。与别人握手后，要避免马上用纸巾擦手或洗手，以免让对方误以为你嫌弃他。

教养金句

待富贵人，不难有礼，而难有体；待贫贱人，不难有恩，而难有礼。

——《小窗幽记》

（对待出身高贵的人，做到恭敬有礼并不难，难在使举止同样得体；对待出身贫贱的人，施与恩惠并不难，难在还要做到恭敬有礼。）

握手的时候，注意应该让谁先伸手

握手是表示友好和问候的一种方式，那么是否谁先伸手就表示谁更讲礼貌呢？不一定。

伸手先后顺序应根据握手人双方的社会地位、年龄、性别和宾主身份来确定。一般遵循“尊者决定”的原则，即尊者先伸手。

握手的基本礼节是：在平辈的朋友中，相见时先出手为敬；在长辈与晚辈之间、男女之间、上级与下级之间、主人与客人之间行握手礼时，应该是长辈、女士、上级、主人先伸手，晚辈、男士、下级、客人先问候再伸手相握；男女之间，如果女方无握手之意，男方可点头或鞠躬致意——倘若男方是长辈、上级，先伸手也是可以的。

客人辞行时，应是客人先伸手表示告别，主人才能握手相送。

当别人按先后顺序的惯例已经伸出手时，自己应毫不迟疑地立即回握。拒绝别人的握手和对已经表达出来的友好不予理睬是极为不礼貌的。

握手时，应起身站立才恭敬

一般来说，一次有礼貌的握手，一定要是站立的姿态。因为坐着握手可以被理解为否定对方，被理解为敌意，被理解为轻蔑，也可以被理解为无视对方。

坐着与初次见面的人握手，对方会觉得自己不受尊重；坐着与晚辈握手，对方会觉得你自以为是；坐着与下属或客人握手，对方会觉得你装模作样、摆架子。

教养金句

将不可骄，骄则失礼，失礼则人离，人离则众叛。

——三国·诸葛亮

［做将帅的切勿骄傲自大，如果骄傲自大，待人接物就会有不周到的地方，有失礼之处，一朝失礼就会众叛亲离，人心愤懑（mèn）相怨。］

所以，除非你是坐在轮椅上的残疾人，否则，在你坐着的时候有人与你握手时，你一定要站起身来。

同时与两个人握手，是对人的不敬

老朋友聚会、同时接待多位客人、演出结束时接受观众的问候……当面对的人员众多时，同时与两人握手似乎能表示自己对握手对象同等的、迫不及待的热情，其实这样做对被握手的两个人同样不敬。

同时与两个人握手，就无法很好地与其中任何一位交流。如果两人身份较高，他们都会感到受了冷落；如果他们关系不和，他们会以为你别有用心。同时与两人握手，传达给别人的信息是：我没有时间，我对你们每个人都不感兴趣；我和你们握手，只是走过场而已。

在交际礼仪中，同时与两个人握手，如果你不想得罪任何一个人，一定不要那样做。以交叉十字的形式与两个人握手被视为不敬，也应避免。一次只能和一个人握手。

握手时应根据一定次序，如职位、长幼等。不清楚握手对象的身份、年龄等具体情况时，可按顺时针次序或从距离自己最近的人开始。

握手顺序应遵守“尊者优先”原则

“尊者优先”原则的含义是，在两人握手前，各自首先应确定彼此身份的尊卑，然后以此决定伸手的先后。先由位尊者伸出手来，即尊者先行。位卑者只能在此后予以响应，而决不可贸然抢先伸手，不然就是违反礼仪的举动。

如与老人、长辈或贵宾握手，不仅是为了问候和致意，还要有尊敬的表示。所以，与老人、长辈或贵宾握手，在对方伸手后，自己才能伸手相握。在对方没有伸出手之前，你不能伸手去要求长辈同你握手，这是不礼貌的！在与他们握手的时候，作为晚辈，要伸出双手，这样才算是礼貌的握手。

身体姿态的礼仪规矩

形体姿态是举止礼仪的重要内容。姿态美是一种极富魅力和感染力的美，它能使人在动静之中展现出气质、修养、品格和内在的美。从某种意义上说，一个人的各种姿态，更引人注目，形象效应更为显著。姿态举止往往胜于言语而真实地表现人的精神情操。也就是说，我们的坐立行，应当坐有坐相，站有站态，走有走姿。端正秀雅的姿态，从行为上展示着一个人内在的持重、聪慧与活力，可谓“此时无声胜有声”。

站 立时自然挺直，不可趴伏倚靠

教养金句

立如松，坐如钟，行如风，卧如弓。

——俗语

我们是不是有这样的经历：当我们站久了、累了，是不是就顾不得有没有他人在场，顾不得是不是公众场合，能趴一趴就趴一趴，能靠一靠就靠一靠呢?

记住，站立时一定不要趴伏倚靠，特别是在公众场合，不仅有损个人形象，也是有失礼貌的行为。

在他人面前站立时趴伏倚靠，不仅体态难看，更显得精神颓(tuí)废，给人的印象要么是傲慢、目中无人，要么是懒惰、没有主见。所以，有外人在特别是在公众场合站立时，身体应自然挺直，不倚靠任何桌椅、墙壁等物。展示出端庄形象，是对他人的尊重。

优雅的站姿，是交际礼仪的基本功

站姿能体现出一个人的良好修养。基本要求是挺直、舒展，站得直，立得正，线条优美，精神焕发。

平肩、直颈，就是头要正，头顶要平，双目平视，微收下颌，面带微笑，动作平和自然；脖颈挺拔，双肩舒展，保持水平并稍微下沉；两臂自然下垂，手指自然弯曲；身躯直立，身体重心在两脚之间；伸直背肌，双肩尽量展开微微后扩；挺胸、收腹、立腰，臀部肌肉收紧，重心从身体的中心稍向前方，并尽量提高，有向上升的感觉；双腿直立，膝盖放松，大腿稍收紧。

优雅的站姿，男女稍有不同：女士双膝和双脚并齐，两脚跟、脚尖并拢，身体重心落于前脚掌；男士两脚间可稍微分开点儿距离，但不宜超过肩宽。

优雅的站姿是交际礼仪的基本功。所以，我们一定要运用正确的方法，站出素质，站出魅力！

正确的行姿，展现你的风度和活力

行姿，指的是一个人在行走时的姿势。行姿又称为走姿，与其他姿势不同的是，行姿自始至终都处于动态之中。它体现的是人类的运动之美和精神风貌，能表现一个人的风度和活力，增添人的魅力。

对行姿的要求虽不一定非要做到古人所要求的“行如风”，至少也要做到不慌不忙，稳重大方。当然，不同情况对行姿的要求是不同的。一般来说，标准的行走姿势，要以端正的站立姿态为基础。

女士行姿的特点是：轻松、敏捷、健美、优雅。女士应头部端正，目光柔和，平视前方，上体自然挺直，收腹直腰，两腿靠拢而行，步履匀称、自如、轻盈，含蓄恬静，显示女性庄重文雅的温柔之美。

男士行姿的特点是：协调、稳健、庄重、刚毅。男士应抬头挺胸，收腹直腰，上体平稳，双肩平齐，目光平视前方，步履稳健大方，显示男性坚强雄健的阳刚之美。

学会正确的走路姿态其实并不难，但不必生搬硬套，否则难免出现“邯郸学步”的笑话。应选择适合自己的、感觉自然轻快的方式。

走路姿态要适应不同的场合

行走姿态是判断一个人仪态是否优雅大方的重要标准，仅走姿美还不够，同时还要适合不同的人和场合。

举行婚礼时，新人迈着军人式的正步走上红地毯，其情景一定让人感到滑稽；T台上的时装模特展示服装时迈着在公园里散步时才用的慢步，一定给人很不专业的感觉；反之，一对在公园散步的老人迈着“猫步”，别人

教养金句

静如处子，动如脱兔。

——战国·孙武

（行动时就像未出嫁的女子那样沉静，一行动就像逃脱的兔子那样敏捷。）

一定会觉得很别扭；晚会主持人上台，如果走姿沉重、拖沓，人们对这台晚会的评价一定会迅速降低。

人们在不同环境里的走姿只有“融入环境”才合乎礼仪。参加宴会、庆祝典礼时，走路要昂扬自信，步伐轻捷端庄。参加葬礼时，走路要沉重缓慢，体现出对逝者的尊重和哀思。参加私人聚会、散步游览时，走路要从容悠闲，宜慢不宜急。

坐姿要端庄、文雅、得体、大方

我们经常可以看到有些不正确的坐法：两腿叉开，脚在地上抖，腿跷得太高。无论你穿什么衣服，男士和女士都不能这样做。

一般来说，人坐着时可以不时变换一些姿态，但不管如何变，都要端坐，腰挺直，头、上体与四肢协调配合。一个人坐姿的基本要求是端庄、文雅、得体、大方。

入座时要稳、要轻。就座时要不紧不慢，大大方方地从座椅的左后侧走到座位前，轻稳地坐下。面带笑容，双目平视，嘴唇微闭，微收下颌。双肩放松平正，两手自然弯曲放于椅子或沙发扶手上。坐在椅子上，要立腰、挺胸，上体自然挺直。双膝自然并拢，双腿正放或侧放，双脚平放或交叠。

需要注意的是，男女士得体地入座也有些差别：男士坐定后，双手可掌心向下，自然地放在膝上，两膝距离以一拳左右为宜。女士坐定后，可将右手搭在左手上，双手轻放在腿面上，并将两脚并排自然摆放。如果穿了裙装，应用手将裙子稍稍拢一下，不要坐下后再站起来整理衣服。

蹲姿没规矩，有损你的形象

东西掉了，鞋带开了，别人的东西散落在你脚边……在这些非蹲不可的时刻，你是否注意过自己的下蹲姿势呢？

上身下弯，臀（tún）部高高耸起，姿势难看不说，一不小心就会露出内衣，有失雅观。有的人蹲下后，两腿打开，也极为不雅。特别是女生，当众下蹲本来就已经很失礼，有损形象，更不要说穿容易“走光”的裙装随意下蹲。可见，蹲姿一定要正确得体，否则一个人再好的修养都会因那不雅的一蹲而打折。

穿短裙女生特别要注意，下蹲时，两膝要靠近并拢，可采取一膝稍高于另一膝的高低式蹲姿，动作应缓慢、从容。切不可采用臀部翘起或两腿叉开的姿态下蹲，这样既不雅观，又不礼貌。

女孩子落座，一定要双腿并拢

男性张腿而坐无可厚非，因为这种坐姿使男性显得很有气势、很自信、很豪迈。女性张腿而坐，就有失

教养金句

面不仰卧，腿不张胯（kuà）。

——俗语

礼仪了。

女性穿裤装时张腿而坐，容易给人留下粗鲁的印象。特别是面对异性张腿而坐，就是一种不文明的行为。女性穿短裙时张腿而坐容易露出内裤、长筒丝袜的袜口和大腿，更是有损自己的形象。

女性落座时，不要紧靠椅背而坐，背部与椅背之间应至少有一拳的距离，上身要端正，背要挺直。两腿应紧并，两膝相抵并拢。双腿也可叠放，但是不能把脚尖翘起来，更不能冲着别人。不要把手放在两腿之间，也不要搓弄衣角，自然叠放在膝盖上即可。

得体的手势，有助于语言表达

手势是指表示某种意思时用手所做的动作，是一种表现力较强的“体态语言”。在交际活动中，恰当地使用手势，有助于语言表达，并且能给人以肯定、明确的印象，增强感染力。

手势的使用应当准确。在社会生活中，人们经常用手势传递各种信息和感情。为避免和克服手势表义的混乱和歧义，使对方能够明晰、准确、完整地理解自己的用意，应尽量使手势准确。要用相似、近似的手势，表达相同或相近的意思。不同的手势，可以表达不同的意思，但一定要使手势同口语表达的意思相一致。

说话交谈的礼仪规矩

人与人相处，说话实在是一大艺术。当你要向人表达意思时，除了文字、肢体动作外，说话也是一种传达工具。但是说话不当、不得体，也容易在语言上伤害别人，造成人我相处的不和谐。因此，如何说话，说话的场合、分寸的拿捏，都是不容忽视的礼仪规矩。

与人交谈：真诚坦率，互相尊重

教养金句

品德，应该高尚些；处世，应该坦率些；举止，应该礼貌些。

——近代·孟德斯鸠（法国）

真诚是做人的美德，也是交谈的原则。交谈双方态度要认真、诚恳，有了直率诚笃，才能有融洽的交谈环境，才能奠定成功交谈的基础。认真对待交谈的主题，坦诚相见，直抒胸臆，不躲不藏，明明白白地表达各自的观点和看法。“出自肺腑的语言才能触动别人的心弦”，真心实意的交流是自信的结果，是信任别人的表现。只有用自己的真情激起对方感情的共鸣，交谈才能取得满意的效果。

交谈是双方思想、感情的交流，是双向活动。要取得满意的交谈效果，就必须顾及对方的心理需求。交谈中，来自对方的尊重是任何人都希望得到的。交谈双方无论地位高低、年纪大小，在人格上都是平等的。切不可盛气凌人、自以为是、唯我独尊。所以，谈话时，要把对方作为平等的交流对象，在心理上、用词上、语调上，体现出对对方的尊重。尽量使用礼貌语，谈到自己时要谦虚，谈到对方时要尊重。恰当地运用敬语和自谦语，可以显示个人的修养、风度和礼貌，有助于交谈的成功。

与人说话切忌脏话不离口

“国骂”“京骂”……无论什么样的脏话，都不宜出口。在大街上说脏话，会让你仪态尽失，并给人以没有教养的印象；在长辈面前说脏话，会让对方认为你不把他放在眼里；在异性面前说脏话，会将对方置于尴尬的境地；在学校里说脏话，会“污染”校园环境；在外宾面前说脏话，会让对方质疑中国国民的素质。说脏话会降低人的身份，还会给人以故意惹是生非的嫌疑。在任何场合、任何时间，面对任何人，口吐脏话都会让别人鄙视。

教养金句

寡欲以清心，寡染以清身，寡言以清口。

——明末清初・颜元

开口说话前，一定要再三思考有没有脏字。和别人说话要注意自己的身份和所处场合。当众说话要礼貌，用语要文雅。说话要看对象，养成“三思而后说”的习惯。

声音刺耳不礼貌，说话声音要温和

大声刺耳说话是不礼貌的。

说话声音刺耳的人会让别人觉得不够沉稳可靠。如果你批评别人时声音刺耳，就有讽刺之嫌，也会被对方误解为刻薄尖酸、得理不饶人；如果你向别人解释原因或为自己的过失辩解时声音刺耳，对方会认为你不服气、有狡辩和强词夺理的嫌疑。另外，说话声音刺耳还会使别人失去与你谈话的兴趣和耐心。

说话时，一定要注意自己的声音是否刺耳。说话时应注意音量和声调，不要刻意提高声音。另外，无论是批评别人还是向别人解释事情，都要避免声嘶力竭。

注意保持交谈距离，礼貌又卫生

交流的目的通常是与他人沟通思想或情感。要达到这一目的，首先应注意说话的内容，至少要求做到词能达意；其次，还需注意与对话者保持适宜的距离。

从礼节的角度来看，交谈时与对方离得过远，会使对话者误认为你不愿向他表示友好和亲近，甚至是在嫌恶他，这显然是失礼的。然而如果在过近的距离和人交谈，稍有不慎就会把唾沫溅到别人的脸上，而这是最令人讨厌的。有些人，会用手掩住自己的口，再凑过去和人说话，可惜这样做形同“交头接耳”，样子比较难看，也不太大方，从礼仪角度来说也并不可取。如果对方是位异性，这样做就更不合适了。

一般来说，两个人交谈的最佳距离为 1.3 米；最好有一定角度，两人可斜站对方侧面，形成 30 度角为最佳，避免面对面。这个距离和角度，既无疏远之感，又文明卫生。

说 话要有物、有序、有礼

说话要言之有物。交谈的双方都想通过交谈获得知识、拓宽视野、增长见识、提高水平。因此，交谈要有观点、有内容、有内涵、有思想，而空洞无物、废话连篇的交谈是不会受人欢迎的。没有材料做根据，没有事实做依凭，再动听的语言也是苍白的、乏味的。我们在交谈时，要明确地把话说出来，将所要传递的信息准确地输送到对方的大脑里，正确地反映客观事物，恰当地揭示客观事理，贴切地表达思想感情。

教养金句

说归说，笑到笑，动手动脚没家教。

——俗语

交谈要言之有序，就是根据讲话的主题和中心设计讲话的次序，安排讲话的层次，即交谈要有逻辑性、科学性。有些人讲话，一段话没有中心，语言支离破碎，想到哪儿就说到哪儿，东一榔头西一棒槌，给人的感觉是杂乱无章、言不及义、不知所云。所以，交谈时，先讲什么，后讲什么，思路要清晰，内容要有条理，布局要合理。

交谈时要讲究礼节礼貌，营造一个和谐、愉快的环境。讲话者，态度要谦逊，语气要友好，内容要适宜，语言要文明；听话者，要认真倾听，不要做其他事情。这样就会形成一个信任、亲切、友善的交谈气氛，为交谈获得成功奠定基础。

称赞人，要恰如其分不夸张

有时候，一个人有良好表现，你会忍不住称赞几句。那么你可知道，称赞人也要恰如其分，稍有不当就会失礼。

教养金句

罔（wǎng）谈彼短，靡（mǐ）恃己长。

——《千字文》

（不要谈论别人的短处，也不要依仗自己有长处就不思进取。）

一般说来，具体的赞美指向明确，对方会感到受之无愧；而抽象的赞美缺少特指意义，可以用在任何人的身上，有寒暄客套之嫌，难以使人产生特别的激动之情。同时，赞美用词应恰当准确，有分寸感，不要夸大其词，要避免使用“最最”“绝对”“举世无双”之类的极限性词汇。例如，对做出一些成绩的人赞美说：“你真伟大！简直无与伦比！”这样的赞美不但不会使人高兴，反而使之感到紧张、尴尬，进而怀疑你是在讽刺挖苦他。因此，赞美之言不能滥用，应点到为止。过头的赞美一旦变成吹捧，赞美就失去了积极意义，在人们心中你就成了阿谀奉承、溜须拍马的人。

表达自己的意见，也尊重别人的意见

与人交流中难免会出现意见不一致的时候。假如你只知道自顾自地喋喋不休，全然不顾他人的感受，对方就会认为你是一个狂妄自大的人而不愿与你交往，甚至有人会被争论时的过激言语刺伤自尊心，引起双方的矛盾。因为和别人争论而失去了朋友、失去了好人缘，这实在令人觉得可惜。要知道争论对人对己都是毫无益处的，它只会拉开你与别人的感情距离，招致对方的反感。

教养金句

刚、毅、木、讷（nè），近仁。

——《论语》

（刚强不屈、果决坚毅、质朴诚实、言语谨慎，做到这四条就差不多接近“仁”了。）

强行让别人接受自己的意见是错误的做法。强行让别人接受自己的意见，是不考虑他人的感受、不为他人着想的表现。上级和长辈这样做是仗势欺人，亲朋好友这样做是强人所难，陌生人这样做是多管闲事。强行让别人接受自己的意见是在搞“一言堂”，就算别人当下表示赞同，内心也是不服气的。发表意见和下达指示应该用商量的语气和态度。想让别人接受自己的意见，事先应耐心与对方沟通。可以采用交换意见的方式让别人接受自己的意见。

忠言逆耳，对人忠告要注意方式

俗话说忠言逆耳，所以一般人都讨厌忠告。在向人提出忠告的时候，一定要注意方式，必须谨慎

教养金句

会说的惹人笑，不会说的惹人跳。

——俗语

行事，不可疏忽大意、随便草率。

给人忠告时，态度一定要谦和诚恳，用语不能激烈，也不要过于委婉，否则对方就会产生反感情绪。用语激烈，对方就会认为你趁机教训他；言语过分委婉，对方就会认为你假惺惺。

此外，在什么场合对人提出忠告也很关键。原则上讲，提出忠告时，最好采取“一对一”的方式，千万不要当着其他人的面向对方提出忠告，否则对方就会受自尊心驱使而产生抵触情绪。

我们在向人提出忠告时，一定要讲究方式方法，特别是要注意语言表达方式，使忠言听起来不逆耳。这样才能不伤害他人的自尊心，让他人欣然接受意见，最终达到忠告的目的。

与人交谈忌无故离开不打招呼

与人交谈期间无故离开是不礼貌的。

与人交谈时突然离开且不打招呼，会让别人误以为他们说了什么得罪你的话或做了其他不合适的举动，也会让其他人误认为你不屑于参加他们的交谈。

与长辈交谈过程中突然不打招呼就离开，是对长辈明显的不敬；即使面对晚辈和陌生人，毫无征兆地突然离开也会让人感到莫名其妙。

所以，交谈过程中需要离开时应向众人打招呼，不要突兀地终止话题。谈话间如需暂离，应向对方表示歉意后再离开。

与人交谈要积极主动

在社交场合，不主动与他人交谈就会错过结识很多新朋友的机会；在社交场合，不肯主动与他人交谈容易“脱离群众”，使同学、师长不能很好地了解你，从而不能更顺利地开展学习交流；在和同学私下聚会的场合，不肯主动与他人交谈，会让别人觉得你不合群或脾气古怪，从而也不愿意和你交往。第一印象总是很有影响力的，给人留下了难以接触的印象，想再与之深入交往就会比较难。

显然，当别人主动和你交谈时，无动于衷是不礼貌的。别人主动与你交谈是一种积极友好的表现，在社交场合尤其如此。对他人的主动交谈无动于衷，一种原因是你对主动交谈者不屑一顾，一种原因是你生性怯懦或多疑，不敢和陌生人交谈。无论什么原因，不回应别人的主动交谈都会使对方进退两难，遭遇尴尬。所以，对于别人善意的主动搭话一定要积极回应。

耐心倾听，不随意打断别人的话

不随意打断别人的话是基本的礼貌。

人与人的表达能力和说话速度不同：有的人长篇大论、滔滔不绝，有的人边想边说、吞吞吐吐。如果别人好不容易获得一点灵感，正在陈述他的想法，你的突然打断会使其灵感遭到破坏。人与人说话的态度和语气不同：有的人言辞犀利，有的人言辞谨慎。如果你因为难以接受对方的观点而随意打断别人说话，会显得急躁、武断、沉不住气。如果你在参加辩论会的时候急于打断对方的话，可能会给评委留下不好的印象而得到低分。

即使你想反驳对方或纠正对方，也不应打断他的话或抢着发言。让别人把话说完，是对对方的尊重和肯定。与别人谈话时，要给别人说话的自由。如果想插话，应该寻找别人说话告一段落的时机。想要提醒别人或表达看法时，要事先用表情或手势向说话者示意。

即时通信的礼仪规矩

你是否遇到过这样的情况，当你深夜正沉浸在甜美的睡梦中时，突然电话或微信语音铃响了；当你正忙得不可开交时，总有语音、视频来打扰，让你不胜其烦。其实，使用即时通信大有讲究。运用得体，它会使沟通顺利，促进学习；运用不得体，它又会成为人们交往中的绊脚石。那么，使用即时通信有哪些要遵守的礼仪规矩呢？

联系他人，一定要选择合适的时间

使用电话、微信等通信工具联系他人，不选择时间的话，坏处多多。

教养金句

时间就是性命。无端地空耗别人的时间，其实是无异于谋财害命。

——近代·鲁迅

别人正在午休，你发微信、打电话必然会让对方休息不好，如果再加上你的事情无关紧要，更会让对方生气；别人正要上课，你发微信、打电话必然令对方无法招架，如果再加上你喋喋不休，会无端让对方苦不堪言；别人正在专心写作业，你发微信、打电话必然影响其状态，如果再加上你倾诉痛苦，对方说不定必须熬夜才能做完他的功课。

所以说，联系他人，一定要选择合适的时间。一般来说，如果没有特别要紧的事，上午 8 点前、11 点以后不宜联系他人；中午、下午 2 点前和 5 点以后不宜联系他人；晚上 8 点以后以及深夜，更不宜打电话、发微信联系他人。

与人视频通话，注意你的摄像画面

与人视频通话，几乎等于面对面语言交流，所以稍有不当就会有失礼仪。

在征得对方同意与人视频通话后，在语言交流的同时，还要注意你传给对方的画面是什么样的。衣冠不整时，不要和人视频通话。同时，要注意自己背景文明，一定不要在床上、浴场、厕所以及嘈杂的地方与人视频通话。一般来说，和对方视频交谈时，将自己的半身头像对着对方就可以了，衣着整齐，并向对方保持微笑。对方没有合理的特殊要求，不要将摄像头对着其他场景，让对方看到不该看到的场景。

不要随便与他人发语音、开视频

随着网络的发展，从打电话、发短信，到用 qq 和微信等发信息、语音留言、发视频和视频对话，我们与人联系的方式越来越多样化、越来越先进。但是，你知道吗？这些联系他人的方式，不是随随便便可以用的。

与不太密切或不太熟悉的朋友通话，突然给人发语音，会显得非常突兀，是不礼貌的行为；贸然和人视频通话，就更不合适了。因为视频会暴露隐私，给对方造成不便。所以，如果必须用发语音、开视频的方式联系他人，一定要事先征得对方的同意。通常不要随便发语音、开视频。

通信时，问候语言不可少

即时通信联系他人，不用问候语是相当不礼貌的。

给长辈打电话、发微信不用问候语，对方会觉得你对其有看法；联系亲朋好友不用问候语，对方会觉得你对其感情淡漠。与任何人使用即时通信联系时不用问候语，对方都会感到突兀，会打消与你沟通的积极性，甚至不愿意再与你交谈。联系上对方，应该使用“您好”“打扰了”等礼貌用语。

有些人打电话、发微信时，认为对方是熟人，既不问好，也不自报姓名，还让对方“猜猜看”，甚至说：“我啊！你怎么连我的声音都听不出来啊？”“我的微信你都不知道？”《弟子规》上说：“人问谁，对以名；吾与我，不分明。”如果给不经常沟通的人打电话、发微信，对方真的不知道是谁，会感觉莫名其妙。这种行为既是对别人的不尊敬，也

教养金句

君子上交不谄（zhōu），下交不渎（dú）。

——《周易》

（君子对上绝不谄媚阿谀，对下绝不傲慢。）

是违背礼仪的。如果对方是尊长，首先要采用合适的称呼敬称对方，并说“打扰您了”等礼貌用语，然后再简洁明了地说清目的和要求，避免东拉西扯。

电话接通后，要先问对方是否方便

使用电话、微信等与人通话，电话接通后不问对方是否方便，就自顾自讲话，必然会造成“不方便”。

对方正在开会，你接通电话后不问对方是否方便就开始聊天，对方即使想回应你，也无法应答自如；对方正在上课，你接通电话后不问对方是否方便，对方就会耽误学生的时间，造成“教学事故”；对方是一个正在准备为病人做手术的医生，你接通电话后不问是否方便，对方就容易分心，影响工作；对方正在接待客人，你接通电话后不问对方是否方便，对方就不能很好地待客。

别人接你的电话表示他尊重你，但你接通电话后不问对方是否方便，就是对别人的不敬。打电话应该懂得为对方着想，这样于人于己都方便。接通电话后首先应该问对方是否方便接听。接通电话后如果感觉对方说话不便，应主动表示理解。如果对方不便接听，应另约时间通话，及时向对方说“再见”。

即时通信，说话语气要谦和

与人交往时要温文尔雅，说话谦和，使用即时通信工具也是如此。即时通信是非常直观的一种沟通方式，也是一种非常便捷的沟通方式。所以用即时通信工具联系他人时，一定要注意语气温和谦虚，不要盛气凌人，不要大声呼喊。这是对对方的尊重，否则就会打扰周围的人。因为对方不仅能理解你谈话的内容，也能感受到你的语速和语气，能觉察到你的修养。谁喜欢粗暴待人呢？所以，与人通话时语气要谦和、恭敬、有礼貌，让对方产生想与你沟通的愿望。

教养金句

谈吐柔和，朋友众多。

——俗语

结束通话时不随便挂断电话

突然挂断电话，会让人丈二和尚摸不着头脑，让人莫名其妙之余会感到生气。

别人找你倾诉苦恼，你突然挂断电话，对方会认为你厌烦而更为苦恼；别人向你咨询问题，你突然挂断电话，对方会认为你没有耐心或能力欠缺而失望。突然挂断电话让人觉得突兀而无法适应，对方会认为你使性子、不通人情。

即使有再紧急的事情也不应该突然挂断电话。如果因为线路问题导致电话突然断掉，应该及时向对方道歉。挂断电话前应该保证和对方沟通完毕并且已经说“再见”。挂断电话时要注意时间间隔，不要让对方觉得太突然。

你知道和别人通话结束时，应该谁先挂断电话吗？按照礼仪，交谈结束时，应等尊长先挂断电话后自己再挂，这是对尊长的敬重。或打电话的一方提出请尊长先挂断电话，然后彼此客气地道别，说一声“再见”，等对方先挂断后自己再轻轻挂断。如果对方也在等你挂断电话，不妨停留片刻之后再挂断。千万不要自己说完话就挂断电话，这是违背礼仪的。

朋友相处的礼仪规矩

中国有句古话说："虽有兄弟，不如友生。"可见交友之重要。不管一个人的事业多成功、名气有多大、职位有多高，如果忽视朋友间的交往礼仪，肯定不会有人愿意真心和他做朋友。为了让友谊之树常青，每一个人在与朋友相处时都要做到有分寸、有胸怀、有教养、有学识，同时要避隐私、避浅薄、避粗鄙、避忌讳。

朋友之间要相互尊重

人与人之间一定要互相尊重，这是做人起码的修养。如果不懂得尊重别人，不仅不能获得别人的尊重，还很容易和人发生矛盾，产生大的隔阂。

教养金句

朋友，以义合者。

——南宋·朱熹

（朋友，就是那些志同道合的人。）

好朋友之间的友谊是极其珍贵的。但是，朋友之间倘若没有相互尊重，就没有真正的友谊。

那么，什么才算是对朋友的尊重呢？朋友之间的往来要有礼有节，懂得宽容对方，充分理解对方，对朋友有充分的信任，对朋友保持忠诚，处处维护朋友的利益和声誉，等等。这些都是尊重朋友的表现。

我们要记住，朋友关系的存续是以相互尊重为前提的。朋友之间再熟悉、再亲密，都不说过头话，不做过头事。朋友之间过于随便，就容易引起冲突、造成隔阂（hé）。或许只是一件小事，都可能埋下破坏友谊的种子。

所以说，朋友之间的相互尊重是友谊的压舱石。

朋友之间交往要讲信用

一个人有没有真正的好朋友，主要取决于他是不是一个讲信用的人。

中国人自古认为诚信可以产生巨大的感召力量。孟子说过："诚者，天之道也；思诚者，人之道也；至诚而不动者，未之有也；不诚，未有能动者也。"意思是说：天是真实不欺骗人的，做人也应该诚信不欺。至诚能感动人，不诚则不能感动人。孔子说过"民无信不立"，荀子也说过"不诚则不能化万民"，都是将诚信看作教育、感化

教养金句

遵守诺言就像保卫你的荣誉一样。

——近代·巴尔扎克（法国）

百姓的力量。孔子更是把诚信视为做人的根本，他提出，朋友之间要“言而有信”，还说“人而无信，不知其可也”。意思是说，人如果不讲信用，那么他就不知道该怎样立身处世。

一个人若是不守信用，就会失去别人对他的信任，就算是再好的朋友也会因为没有诚信而分道扬镳。所以，朋友之间交往要讲信用，这样才会有真正的好朋友。

真诚待人：忠诚的朋友是无价之宝

朋友之间讲礼仪，不仅体现在行动上，还体现在对朋友的态度上，要真诚地对待朋友。俗话说："忠诚的朋友是无价之宝。"

教养金句

交朋友就是平等相待，以诚相处。

——现代·丁玲

忠诚的朋友是一个可以信任、能向之倾吐心意并在一切环境之中都能守正不阿的人。极能破坏友情的莫过于使用欺骗的手段。有些人，为了快些赢得朋友，就采用谄媚的方法。他们阿谀奉承，说好听的话，不管其是否真实。谄媚乃是一种不诚实，起先可能给人一种好印象，但是时间久了，它会摧毁友谊。

只有充满真诚的言行，才能赢得别人的心，交到知心的朋友。也就是说，在交友的过程中，唯有真诚才能换来真诚的朋友。

及时帮助有危难的朋友

人在遇到危难时，总渴望得到别人的帮助，更不用说期待好朋友的帮忙和安慰了。如果对朋友遇到危难视而不见，势必让朋友感到失

教养金句

友也者，友其德也，不可以有挟（xié）也。

——《孟子》

（交朋友，交的是品德，不能够有什么其他的倚仗。）

望和寒心，严重影响朋友间的交往。

所以，在朋友需要你帮助的时候，一定要及时到场并真诚地伸出手去帮朋友一把，使朋友渡过难关。如果朋友遇到挫折或灾祸，例如亲人去世、遭遇车祸、考试失利等，要第一时间打电话或当面慰问，并对其提供力所能及的帮助。这样做能让朋友感到友谊的温情，体验到朋友间的关怀。当朋友从你这里体验到了友谊的美好感觉，朋友与你的友谊将会加深。

距离产生美：朋友间注意保持距离

“距离产生美。”所以，和朋友相处，无论从身体上还是心理上，都不要零距离。

身体距离范围在 0 ~ 45 厘米之间被称为“亲密距离”。就交往情境而言，“亲密距离”属于私下情境，只限于情感高度密切的人之间。

在社交场合，在大庭广众之下，两个人，特别是异性之间，假如采用了“亲密距离”，看起来就不太雅观了。在同性之间，在非常熟识、无话不谈的贴心朋友之间，虽然可以采用“亲密距离”，但是距离过短，甚至是零距离，那看起来就不太雅观了。

“亲密距离”是每个人都很敏感的领域，可能在朋友的眼里属于亲近的人。随意闯入朋友的这一空间，可能会被视为不礼貌的行为，会引起对方的反感。

朋友之间，在心理上也要保持一定的“距离”。有必要对朋友保守一定的秘密，不要打听朋友不想让你知道的秘密。相互向对方保守自己的秘密，互不打探对方的秘密，这属于朋友间的相互尊重。

不要错喊、乱喊朋友的名字

姓名只是一个语言符号，人们之所以看重它，是因为它包含特殊的意义。朋友的姓名与其尊严、地位、荣誉、心理及彼此间的感情、友谊紧密联系在一起。

把朋友的名字遗忘或者搞混，不仅是不礼貌的行为，更会影响朋友间的感情。可以说我们每个人都十分看重自己的名字。例如，多年不见的同学、同乡相会时，如果对方仍记着你的尊姓大名，你心里必定非常高兴，彼此间的感情也会因此亲近几分。相反，如果对方把你的名字忘得一干二净，或出现“张冠李戴”的情形，你心里势必感到不舒服，在心理上就可能与其拉开距离。

有些人为了显示和朋友有交情，还会喊朋友的小名或者绰号。殊不知这是对朋友极不礼貌的做法，特别是在公众场合，这样的做法会极大伤害朋友的自尊心。

所以，在和朋友交往过程中，一定不能错喊、乱喊朋友的名字。

访友做客的礼仪规矩

做客通常是接受别人的邀请到别人家里去，访友就是去看望朋友，两者的目的可能是联络沟通感情、交流思想看法等。那么，怎样到别人家做客呢？怎么才能做一个受欢迎的客人呢？面对不同的朋友，我们拜访前应该准备什么样的礼物呢？到朋友家后，我们又该注意哪些细节呢？

朋友不约不见，约必守时

不管对什么人，贸然上门拜访都是不符合交际礼仪的。

教养金句

入土不拜客，热孝不登门。

——俗语

（家里有人刚刚去世，一般不去别人家做客，避免让主人忌讳。）

如果家里来了不速之客，你是否因为没有准备而手忙脚乱呢？或者因为有其他事情而无法招待客人呢？毫无疑问，不速之客是不受人欢迎的。所以，在访问别人或回访来客前，一定要提前预约时间。勿做不速之客，否则会打乱别人的生活，这是违背礼仪的。现在电话、微信等通信条件便捷，不像古代社会通信不便，特别是对不太熟悉的人，不要贸然登门。同时，预约拜访时，应先通报自己的名字并向对方问好，再说明情况，询问对方什么时间到访比较合适。

另外，避免拜访时间过早或过晚，或者在用餐前后、午休时间等。尽量不给对方增添麻烦。

拜访的时间一旦确定，一定要准时到达或者提前几分钟，不要迟到，也不要过早到。不遵守时间是失信、失礼的行为。如果路途较远，在不能确保路况的情况下，一定要提前上路，防止因堵车等因素而迟到。如果路上有特殊情况，要向对方说明情况并请求谅解。同时，到达的时间也不宜提前太多，否则可能会打乱对方的安排。这些都是对别人尊重的具体行为，是访友做客的基本礼仪。

注意避嫌，不可单独夜访异性朋友

单独夜访异性朋友，引起别人的猜疑和误解自然是难免的。

无论是让异性朋友误解，让异性朋友的家人误解，还是让异性朋友周围的熟人、陌生人误解，都是不应该的。好心拜访别人，反倒让对方背负名誉上的负面影响，给对方心里添堵，这能说是符合礼仪的做法吗？

拜访异性朋友，尽量安排在白天。拜访时最好有人做伴。拜访异性朋友时，不应逗留太长时间。

切忌随便进主人的房间

在人家做客，不等主人允许，你就自作主张地推开对方的卧室进去参观。这样做相当不礼貌。如果主人家其他房间里有人，贸然闯入是对其的冒犯；如果主人除客厅之外的房间都未打扫，贸然闯入会使主人尴尬；如果主人家藏有贵重或新奇的物品，四处乱闯会让主人担忧。拜访别人或受邀到别人家里做客时，应该尽量在主人指定的区域内活动。未经允许，不要窥视主人家的房间。

另外，未经主人允许，我们不能乱翻主人家中的物品。尤其是不能打开主人的抽屉、柜门，翻看主人的笔记本、照片等私密性的物品。

访友做客，敲门时要把握分寸

在日常生活中，有事去敲别人的门或回家敲门，都是寻常不过的事。正因为寻常，所以敲门的礼仪常常被人忽视，尤其没有社会经验的人根本没有在意敲门的细节。

敲门究竟应该怎样敲？一是要轻叩，重敲不仅显得鲁莽，而且显得对别人不尊重。叩门时叩两三下要停顿一会儿，看有没有人应声开门；不行再叩，但不要一个劲叩个不停。倘若门里无回应，可以问一声："请问某某在家吗？"敲门时，绝对不能用拳捶、用脚踢，更不要"嘭嘭"乱敲一气，如果房间里面有人正在休息，这会惊吓到他们。即使遇到门是虚掩着的，也应当先敲门。这个敲门有两层意思：一是表示询问"我可以进来吗"，二是表示通知主人"我要进来了"。

敲门时不掌握分寸，咚咚乱敲，敲得人心烦，一定是错误的。古代有一个"僧敲月下门"的典故，说明古人对于敲门也是很讲究的。现代社会崇尚礼仪，敲门这种属于礼貌行为的事，更不能忽视。

访友做客，要问候对方家人

访友做客时不问候对方的家人，就是对朋友的不敬。

访友做客时不问候对方的家人，表面上看来，你是目标明确，专找自己要找的人，干脆利落，其实这样反倒让别人误解。别人会想：他是不是看不起我的家人？他是不是很功利？他是不是太害羞了？难道他不知道这是我们家吗？

教养金句

见官莫向前，做客莫在后。

——俗语

（当见到官员，一定不要总是往前凑；当去亲朋好友家做客的时候，不要总是落在主人身后。）

访友做客不问候对方家人，即使你对朋友展现出全套合乎标准的礼仪，朋友和他的家人也不会认为你懂礼貌。访友做客时一定要问候对方的家人。问候朋友的家人时应按照长幼依次问好。不知道朋友家人的长幼辈分时，应向朋友询问或仔细听朋友介绍。

做客后，记得向主人致谢

做客后不懂得感谢主人的客人不受欢迎。

教养金句

礼尚往来。往而不来，非礼也；来而不往，亦非礼也。

——《礼记》

如果主人特地隆重招待了你一次，告辞时你却一句感谢的话都不说，对方一定会觉得自己的殷勤款待未得到承认。做客后向主人致谢是必需的礼貌，也是体现一个人是否有涵养、有素质、有感恩之心的试金石。

没有人愿意招待一个吃了就走、对主人的热情和辛苦视而不见的冷漠客人。做客后要向主人口头表示感谢。如果主人待客很隆重，客人返回后应打电话向主人表示感谢，并告诉他自己已经安全到家。

临走时，要和主人家人一一道别

临走时只和主人道别的人，可以说是礼仪规矩的门外汉。

临走时只和主人打招呼，说明你眼中没有主人的家人。在主人的家人看来，你这种人一定很势利，他们会认为你只对自己用得上

的人表示礼貌。只对主人打招呼，并不能让主人感到你对他格外尊重，反而会让他暗暗对你产生不满。

你拜访的对象是主人，但是忽略他的家人，显然不懂礼节。所以，做客临走时应向在场的所有人道别。

往来馈赠的礼仪规矩

礼，崇尚往来。我有礼往，你有礼来，于是彼此来往，互不求回报，情谊才会逐渐深厚。并且，人们在交往中还要经常互赠礼物，以此来表达自己对对方的尊重、感谢之情。馈赠礼物并不是仅仅把礼物送出去就可以了，什么时候送，送什么，怎么送，这些都需要遵循一定的礼仪规矩。否则，对方可能拒收，而一番好意因馈赠的方法不对，反而变成坏事。

送礼要懂得投其所好

中国人自古以来都以含蓄、谦让著称，别人送我们礼物时，我们一定要谦让、推辞，不能直接说自己喜欢什么，否则，就等于迫不及待地想要对

教养金句

与人者不问其所欲。

——《礼记》

（送别人礼物时，不能明问对方喜欢什么样的礼物。）

方送自己礼物。赠送礼物时，我们需要细心观察对方喜好，或从旁人口中了解对方喜好，选择合适的礼物，以避免禁忌。当然，如果赠送的对象是西方人，是可以直接问的。只要真诚地问对方，对方一般会开心地告诉你，再按照他的喜好购买赠送即可。这就是东西方文化及礼仪的差别之处。中国人在遵守自己礼仪的同时也应入乡随俗。

送礼不懂得投其所好，礼品就是“废品”；送礼本是表达对别人的牵挂和尊重，如果送礼恰好犯了收礼人的习俗禁忌，就会弄巧成拙。

所以，送礼前应该了解收礼人的喜好等个人特点。送出的礼物应该满足收礼人的需要。送出的礼物应该适合收礼人的性情。

赠礼要包裹好，包装要适当

按照中国传统礼仪，赠送对方的礼物通常要包裹起来。这里的包裹并不是指礼物原有的外包装，而是另外再加一层包装。《仪礼·士相见礼》中说道，如果见面以雉或鹅为礼物时，在赠送前，要用绳将雉或鹅双足系上，然后用绘有纹饰的布包裹起来。这样既美观，又含蓄文雅，还显得郑重。如果礼物不包装就送人，会令对方产生被轻视之感。特别是送给国际友人的礼品，尤其要注意这个问题。

包装礼物一定要适当。例如不要用大包装盒包装小礼物，否则让收礼者产生误会，同时也违背了送礼的初衷，失去了礼仪应有的分寸。为礼物做包装时应根据其大小来选择，礼物包装的档次应该与礼物档次相匹配。

送礼不要让对方来取

许多人送礼只关注送什么礼物,却忽略了选择适当的送礼方式。《礼记·曲礼上》说：“赐人者不曰来取。”意思是说，赠予别人物品时，不可叫对方亲自来取。这是一种傲慢的行为，是对对方的不尊重。正确的做法是，你要亲自送去或请他人代送。否则就失礼了，让对方取礼物会让对方陷于尴尬的境地：不过来取会违背你的好意；如果来取，又感觉不合适。哪有亲自上门要礼物的道理呢？

平时你向对方赠送礼物时，如果对方家里正好有其他客人在，就要避开他人，请主人到别的房间说明赠送的意思，或者改日再来赠送。否则，会给收礼人爱人财物之嫌或造成其他影响。而且先来的客人如果空手而来，这也会让人家觉得很尴尬。如果是初次见面，又携带薄礼，就不用避开先来的客人。说明送礼的正当理由，并将薄礼恭敬地送上即可。

送礼者要谦虚恭敬，受赠者要谦让

无论我们赠送给对方什么礼物，我们的态度都要谦虚恭敬，要面带笑容，目视对方，切不可有傲慢之态，甚至有救济施舍之心，否则是严重违背礼仪的。

赠送礼物时一定要诚心诚意，千万不能有傲慢、施舍之态，也不要说“这是临时为您买的”“这是我家里用不完剩下的”等类似的话语。这样会让对方产生不被重视甚至不被尊重的感觉，对方有可能拒绝你的好意。同时，赠送别人的礼物再好、再精心准备，也要谦称“礼物微薄，不成敬意”或“区区薄礼，万望笑纳”。

通常情况下，亲朋故旧诚心诚意赠送的礼品，只要合情合理且不是违法、违规的行为，都是应该恭敬接受的。

别人给你送礼时，应起身站立，双手接受礼品，并向对方表示感谢。切不可欣然接受又毫无谢意，这是一种傲慢；或者对礼品说三道四、吹毛求疵，这是对送礼者的不敬。对方所赠的礼物，无论自己是否喜欢或价值高低，都要真诚感谢，因为情义是无价的。如果礼物是对方精心准备的，我们还要说“受之有愧，不敢承受”，以表达自己的心意。

对不适当的礼物，要礼貌地退回

收到有骚扰意味的礼物，收到有恶作剧或侮辱意味的礼物，收到同学赠送的过于昂贵的礼物，收到有违习俗的礼物……当我们收到不合适的礼物时，第一时间的想法就是把它退掉。但是有不少人因为退还礼物时不礼貌而使送礼和受礼双方都丢了面子。

退回礼物时不礼貌，会让送礼人陷入尴尬境地，甚至会让对方恼羞成怒；退回礼物时不礼貌，会让别人觉得你故作姿态，故意让对方出丑；退回礼物时不礼貌，会给人留下不近人情、不懂得站在他人角度看问题的印象。如果送礼人出于好心，只是不懂规矩或不知道你的喜好，粗鲁拒绝是对他的伤害。

收到不能收的礼物而又不便当面退还时，应私下找合适的场合和时间退还。退还礼物时，态度要诚恳且有礼貌。收到不适当的礼物时，应在 24 小时之内退回。

打开礼物有讲究，礼物到手不乱放

接受礼物后，按照中国人的习俗，一般不会当着送礼者的面把礼物打开，而是把礼物放在一边留待以后再看。如果现场条件许可，时间充裕，人数不多，礼品包装考究，那么，在接过礼品之后，应尽可能地当着对方的面将礼品包装当场拆封。这表示自己看重对方，同时也很看重获赠的礼品。在启封时，动作要井然有序、舒缓文明。撕破包装纸是粗鲁的举止，应尽量避免。但请注意，结婚礼品是不可当场打开的。

礼物不能随手乱放，在家时要把礼物放在比较显著的位置，以示尊重和重视。当面拆开包装后，要以适当的动作和语言，表示对礼物的欣赏。例如，可将他人所送的鲜花捧起来闻闻花香，随后再装入花瓶，并把花瓶置于醒目之处。

接受馈赠后要在适当的时候回礼

接受他人的馈赠后，在适当的时候和场合应当有回礼。可以在客人临走时回赠；也可以在接受礼物之后隔一段时间登门回拜，顺便带给对方一些礼物表示感谢；还可以寻找机会回赠，例如在亲友喜庆的日子送上适宜的礼物，以表示你的谢意。

教养金句

投我以木桃，报之以琼瑶，匪报也，永以为好也。

——《诗经·卫风·木瓜》

（你将木桃投赠我，我拿琼瑶作回报。不是仅为答谢你，珍重情义永相好。）

回礼的方式多种多样，礼品可以和馈赠礼品的价值相仿，但也可多可少，视亲密程度而定。一般工作上来往或初次往来还没有深交，回礼应当和馈赠礼品价值相仿或更重一些。

关系密切的亲朋好友的回礼则可以随便些，多一点少一点都不要紧，主要目的在于表达出情意。

探望慰问的礼仪规矩

当身边的亲人或朋友遭遇生病等不幸的时候，我们往往会带上礼物，及时地给予探望慰问，表示关心，对他们进行安抚和问候，力求使对方的心情稳定或者安适。探望、慰问是人之常情，也是一种礼节。但是你知道吗？探望慰问时，一定要避开禁忌的雷区，否则，你会因为失礼而让对方不愉快。

不同的因由，慰问形式不同

人在遭受创痛或孤独无助时，往往十分渴望获得他人的关爱。通过问候、交谈、劝解、陪伴等，给予身处逆境、困厄的人以慰藉，尽可能缓解其精神上的苦恼与哀伤，使其稳定情绪，走出阴影，尽快恢复正常生活。

慰问活动采用什么方式，需要认真考虑和选择。不同的慰问对象，不同的慰问原因，要采用不同的方式。应掌握不同情况，区别对待，确定不同的慰问方式和重点。例如：慰问病人，应鼓励他增强战胜病魔的信心，祝愿他早日康复；慰问逝者家属，应寄托哀思，劝慰他节哀顺变，多加保重；慰问受灾者，应讲究效率，及时到场，同时尽力为受灾者排忧解难，协助受灾者重建家园；慰问学习受挫者，应着重于对对方的关心、理解、支持和帮助，以鼓励他重新振作、吸取教训为主。

慰问：多给他人一点关心和慰藉

慰问，通常是慰问者给予陷入困境一方的精神或者物质上的关怀与支援，是在表达慰问者的真情实意。所以，不管采用何种形式，都只能表达对慰问对象的爱护、关心和支持。能直接表现慰问者真挚情感的，是和被慰问者谈话、聊天时，此时，可以把自己的同情和关怀用语言描述出来。但是应该力求站在对方的立场、角度思考问题，懂得体会对方的心情，理解对方的行为。

教养金句

恻隐之心，仁之端也。

——《孟子》

（同情心，就是施行仁的开始。）

一般来说，慰问有五大禁忌：

1. 不要触犯被慰问者的忌讳。
2. 不要揭被慰问者的短。
3. 不要给被慰问者添堵。
4. 不要可怜被慰问者。
5. 不要在被慰问者的面前说自己的一些“苦”事、倒霉事。

慰问时如果不规避这些禁忌，就可能会伤害到被慰问的人，那就是失礼了。

电话慰问，情也可以一样真

有时候，我们不能当面慰问一个人，例如对方正因病被隔离。这时，打电话就成为安全的慰问方式。每天打电话询问隔离人员身体和生活情况，及时了解各类需求，精神上给予鼓励支持，帮助他们减轻心理压力，情也可以一样真。

通过电话慰问别人是一种快捷、直接的慰问方式。这种方式既适用于异地慰问，也适用于本地慰问。要注意的是，电话慰问应态度诚恳、措辞恰当、语气得体；内容尽量简洁，把慰问的情意表达完了就结束，不要东拉西扯、唠叨不休。

慰问病人，先问清情况再探问

探病是为了表示对病人的关心，但不事先问清情况就探问，有百害而无一益。

> **教养金句**
>
> 病人之病，忧人之忧。
>
> ——俗语

如果病人刚做完重大手术，急需静养，你前去探视只能给病人徒增负担，对其康复毫无益处；如果病人处于昏迷或危重状态，随时都需要医护人员的严密看护，你前去探视是对治疗工作的妨碍；如果你去探望时正赶上病人吃饭、休息或接受治疗，必然会打乱病人的正常作息。

探病前不将情况了解清楚就贸然前往，既耽误自己的时间又对病人不利，甚至可能引起病人家属的反感，当然是错误的。探病前应问清楚医院允许探视的时间，以及病人的病情、作息规律。如果病人情绪不稳、心情烦躁，需要独处，则不应强行探视。当病人需要隔离观察或治疗时，不要探视。

慰问别人时，要配合恰当的表情

也许有的人天生喜怒不形于色，但是慰问别人时表情不配合，就容易引起对方的误解。

别人生病了，你嘴里说着体贴的话，表情却显得漠不关心，对方一定怀疑你是否真心；同学考试失利了，你说了一堆鼓励的话，却一直保持事不关己的表情，对方一定怀疑你的动机；别人遭遇车祸了，你滔滔不绝地安慰对方，却一直面带微笑，对方一定会认为你在说反话。

所以，慰问别人时，如果话语内容和表情分家，那么再动人的话也起不到应有的作用。如果慰问显示不出对别人的关心和尊重，那就是对礼仪的亵渎。

要记住，慰问别人时应看着对方的眼睛。安慰别人或鼓励别人时，态度应该恳切、真诚。

慰问对象不同，慰问品也不一样

慰问对象不同，慰问品也不一样。救灾、济困，应以满足生存需要为主，一般送上生活必需品；慰问付出辛劳、做出贡献的人，可选择鲜花、匾额等；慰问伤病者，在我国崇尚送时令水果、营养品等。可是在西方，医院病房多不允许给病人送食品，慰问品以鲜花常见。鲜花能使人们精神愉悦，显然是合适的慰问品。

在西方一些国家，送病人鲜花，讲究花枝应为单数（双数为送死者），且为单一颜色（如果为杂色，被认为同病房者，有人会生，有人会死）。

现在，在我国，给病人送鲜花也很时兴，讲究也不少。例如，不送盆栽花，以弃久病生根之嫌。还有，中国人一般忌讳白、黄、蓝色花。另外，花色太艳，可能会令病者情绪烦躁；香味过浓，可能会引起病人呼吸道不适，易咳嗽，对刚做完手术的病人不利。一般而言，看望病人，除了送营养品外，可以送兰花、水仙、百合、康乃馨等品种搭配的花束或花篮，这是比较得体的做法。

慰问语要诚恳，语言要得体

看望不同的慰问对象，应奉上相应的慰问语。慰问时态度要诚恳，语言要得体。

病患者：对慢性病患者，应劝其不急不躁，安心调养。可以说“既来之则安之”“病来如山倒，病去如抽丝”。对惧怕手术者，重在鼓励其勇气，如“手术只是微创。这是全市最好的医院，手术将由著名专家亲自操刀。不要怕，父母都在你身边”。慰问危重病人，重在安抚，不可添堵、添乱。例如，不在病人面前谈论其真实病情，也不要与他人小声嘀咕。可偏重于饮食起居的问候，讲病人爱听的话题。另外，对临终者应尽量满足其要求、愿望，例如想吃什么，想见什么人等。

亡者亲属：侧重于疏导思念亲人之苦，引导其多想、多看未来。

要说像“过去的事已经不能复返，再难过也无济于事”“节哀顺变，未来的路还很长，还有好多事等待着你去做”“不要总是一个人待在家里，多同亲戚朋友走动走动，尽快从阴影中走出来”等。

失败者、失意者：要开导他们不灰心、不抱怨，总结经验，吸取教训，树立信心，自强不息，再接再厉。要说像“留得青山在，不愁没柴烧”“在哪里跌倒，就从哪里爬起来”等。

贫困者、受灾民众：及时救援，在提供物质、财政支持的同时，鼓励他们增强信心，战胜困难，不等不靠，自力更生，重建家园。同时强调，国家、各级政府和社会各界是灾区人民的强大后盾，在各方大力支援下，灾区会建设得更美好。

对社会有贡献者：应抱着虚心求教的态度，强调学习、发扬他们的拼搏精神和奉献精神。

探望病人时，切忌详问病情

如果你觉得探病时郑重地向病人本人或在场的病人家属、医护人员详问病情，能充分体现出对病人的关切和安慰，这说明你对探病礼仪误解甚多。

一进到病房里就向病人索要病历，想看个究竟，或者看望病人期间不停地谈论治疗方案，如果病人不希望别人知道详情，这样做会使病人难堪。医护人员查问病人时，马上当着病人的面详问治疗手段和用药情况，这样做会触到病人的痛处，使其感到惊慌；如果医护人员有必要对病人部分保密，这样做就是干扰医院的工作。

探病时，一定要避免询问病人具体的病因等问题。探望病人时，对其表示关心即可，态度应与其未生病时一样。见到病人时不要做出惊讶、担忧的表情，以免加重病人的心理负担。探病时不要就病人的状态作过多评论。

探病时，应该说一些轻松话题

探病时谈论什么话题，这可不能随便。

病人得的是小病，如果你大谈“小病时间长了就变成大病”，

别人会认为你在诅咒病人；看望病人本该慰问对方，如果你谈论自己在学习或生活上的苦恼，别人会觉得你很无聊，这是对病人表现出极度的“不体贴”；在病房里谈论别人的闲话以及种种负面的社会新闻，病人会觉得心情沉重。

教养金句

语言切勿刺入骨髓，戏谑（xuè）切勿中人心病。

——清·陆陇其

探病时谈沉闷的话题，是对病人健康的不负责。

探病期间，不宜谈论忧伤的话题，不宜谈论对方不感兴趣的话题，不宜谈论有关疾病和死亡的话题。争端话题、容易引起兴奋的话题也不宜谈。看望病人时，说话要放低音量，以免引起病人烦躁。

涉外出访的礼仪规矩

涉外礼仪规矩不可小觑，它关系到国家形象和民族尊严。所以，我们在进行涉外出访时，一定要遵守涉外出访的礼仪规矩。礼仪规矩可能有很多，但对我们未成年人来说，有哪些礼仪规矩要特别注意呢？

出国参观要服从组织安排

出国参观访问，既然是学习所需，就要专心致志、全力以赴、集中精力、服从组织。参观的时候，一定要聚精会神，把自己的全部注意力集中在参观项目上，尤其要将注意力集中在自己所应注意的重点上，不能舍本逐末、主次不分、不务正业。

教养金句

一切行动听指挥。

——现代·毛泽东

参观的时候，要看好、听好、记好。不能“走马观花”，更不能中途退出。在规定允许的前提下，参观者应当尽一切可能，以笔记、绘画、录音、拍照、摄像等各种形式，为自己的参观做好记录。记录时主要是记下东道主方面的介绍、说明，陈列的图表、模型、实物，现场的总体印象等。

在参加集体性的参观活动时，必须注意要个人服从集体。在整个参观过程中，个人都要服从命令、听从指挥，不允许随意自行其是。

参观的时候，不应中途擅自离队。外出要请假，归队要准时，尽量不要在集体参观时个人独自行动。

参观的时候，还要注意个人的举止、言行。例如，不在参观的时候高谈阔论、随地吐痰、乱扔垃圾、乱刻乱画等。

涉外交往：个人隐私八不问

中国人在涉外交往中，务必要严格遵守“尊重隐私”这一涉外礼仪的主要原则。一般而论，在国际交往中，下列八个方面的私人问题，均被海外人士视为个人隐私问题。其一，是收入支出。其二，是年龄大小。其三，是恋爱婚姻。其四，是身体健康。其五，是家庭住址。其六，是个人经历。其七，是信仰政见。其八，是所忙何事。要尊重外国友人的个人隐私权，首先就必须自觉地避免在与对方交谈时主动提及这八个方面的问题。为了便于记忆，它们亦可简称为“个人隐私八不问”，是涉外礼仪最基本的内容。

不卑不亢，面对外宾恭敬有度

在涉外交往中，我们应坚持不卑不亢的原则，必须意识到：在外国人眼中，我代表着自己的国家，代表着自己的民族，代表着自己所在的学校。所以，在外国人面前，我们既不能表现得畏惧自卑、低三下四，也不要表现得自大狂妄、放肆器张。

面对外国人，待客应该热情而尊敬，但恭敬过度却会招来别人的不尊敬。这是有违礼仪常识的做法。例如，见了外宾就像见了威严的长辈，唯唯诺诺，低着头，动不动就鞠躬；本该是商量事情，却做出一副唯命是从的样子；原本按照普通规格接待对方即可，却硬要超出相应规格两三倍来接待。面对外宾恭敬过头，一方面会让对方感到不适应、不自然；一方面会让对方觉得中国人个性懦弱，从而有损中国人的形象。

教养金句

礼，不妄说人，不辞费。礼不逾节，不侵侮，不好狎（xiá）。

——《礼记》

（礼的实质，不是随便取悦人，也不是空话连篇，要做到行为不逾矩，不侵犯侮慢别人，不与人故作亲热。）

面对外宾应避免低声下气，避免过度的点头哈腰的动作和姿态。与外宾相处时应避免处处谦虚、贬低自我。

称呼外国人，慎用中式习惯

许多人会习惯性地以中式习惯称呼外国人，这样做是欠考虑的。

见到外国可爱的小孩，就热情地称之为“小鬼”“小家伙”，孩子的家长会觉得受到了冒犯；随意用中国习惯称呼年长的外国人为“老先生”“老太太”，对方会因为你口中的“老”字而反感；用中国习惯称呼中年女性为“大姐”，对方会觉得莫名其妙；如果贸然称对方为“夫人”，而实际上对方未婚，对方同样会感到不快。

不要随便用中式昵称称呼不熟悉的外国人。不要刻意用“老”和“大”“小”来区分不同年龄段的外国人。不要随便在对外国人的称呼前面加上“那个男的”“那个高个子女人”等修饰语以示提醒和区分。

我们在参与涉外交往时，还应当了解有关国际交往的习惯性做法。例如，在称呼上，对男子一般称先生，对女子称女士；对未婚女子，无论年龄大小，都称小姐；对已婚女子称太太（或夫人）。

入乡随俗，送礼要尊重对方习俗

当代学生有很多机会走出国门，前往其他国家和地区学习、参观、访问和旅游，所以要认真了解当地的礼仪习俗，尊重其风俗习惯。只有这样，我们在与对方交往时，才能做到彬彬有礼、落落大方、应对自如，迅速地缩短与对方的心理距离，从而增进相互了解。

教养金句

入其国者从其俗，入其家者避其讳。

——《淮南子》

（到哪个国家就要遵守哪个国家的风俗，到哪一户人家就要避免哪一户人家的忌讳。）

赠送外国友人礼物时，应当注意各国不同的送礼习俗：许多国家的人一般不喜欢接受现金或太过贵重的礼品，最好送给他们一些具有中国特色的礼品，例如筷子、毛笔、中国字画、剪纸、刺绣、丝绸制品等。

在送给外国友人礼物的时候，一般应该当面送给他们。西方人非常重视礼品的包装，并且喜欢在收到礼物时就当面打开看一看，并且会当即表达出对礼物的赞赏与喜爱。

对于来自不同国家的朋友，赠送的礼品也应有所不同。例如：日本人不喜欢在送给他们的礼品包装上扎蝴蝶结，他们认为那样做很不吉利；德国人不会使用白色、棕色或黑色的纸来包装礼品；英国人不喜欢涉及自己私生活的礼品，像香水、肥皂、药品等，巧克力和威士忌等则很适合送给英国人；中国人视仙鹤为长寿的象征，但在西方一些国家，如法国，人们不喜欢仙鹤，所以最好不要送给他们有仙鹤图案的物品；向南美洲国家的人送礼，千万不能送刀，因为刀意味着双方之间的关系一刀两断，也不要送给他们手帕，因为手帕总是与眼泪、悲伤联系在一起。

出国访问时，不可随意拍摄、录音

出国访问时，未经允许不能随便拍摄、录音。

在国外的博物馆、科学实验室、工厂、公司等这些地方，随便拍照、录像、录音，都可能涉及知识产权问题，对方可能会认为你在窃取宝贵信息。另外，未经允许随便拍摄国外的居民，无论是工作人员还是居家女性、孩子，都有可能违反当地的习俗和民间的道德规范，从而引起误解和矛盾。拍摄前应礼貌地咨询工作人员或拍摄对象。拍摄遭到制止时应立刻停止行动。在有禁止拍摄标志的地方不要随意拍摄、录音。

参加宴会的礼仪规矩

餐饮礼仪中又有中餐礼仪和西餐礼仪的区别，中餐礼仪在中国有着很多年的发展历史，西餐礼仪随着世界经济的接轨，在中国也开始流行，两种不同饮食文化相互冲突碰撞。东方与西方进餐的习惯多有不同，特别是正式的西餐宴会规矩颇多。如果对此一无所知，难免贻笑大方。

座位各有所属，千万别乱坐

正式宴会，主办方会提前排定桌次和席次。桌次有主桌和次桌之分，每个桌次分高低不等的座次。

如当餐桌分为左右时，以面门为据，靠右的餐桌为上；多张餐桌并列时，以居于中央者为上。如在席次中，面对餐厅正门的座位为主人座；有多位主人时，双方可交叉排列，离主位越近地位越尊。

不同身份的人应该坐在合适的位置上，所以，我们在参加宴会的时候，不能乱坐，应该尽量听从大人安排。

入席后，要和邻座打招呼

参加任何性质的宴会，入席后，无论自己的邻座是熟人还是陌生人，不与其打招呼都是不对的。

俗话说“来者皆是客”，既然坐到一起，必然都是主人的客人，当然彼此也有可能成为朋友。在公共场合遇到陌生人，有时候尚

且需要一个微笑，在参加同一个熟人举办的宴会上，难道不更应该给邻座一个问候的微笑吗？如果入座后面若冰霜，而后主人恰好要介绍你们相互认识，彼此必定会遭遇尴尬。

即便是为了保持你的神秘风度和证明你有地位、不易接近，也不该对宴会同桌上的陌生邻座不理不睬。入席后应和同桌而坐的人们打招呼问好。邻座主动向自己问好时，应及时而礼貌地回应。

要 吃完自己碟中的菜，再重新夹菜

参加宴会时，不难在餐桌上看到自己碟中菜尚未吃完就重新夹菜的人。因为人多嘴多，慢一秒，有的菜就吃不着了——这种想法可以理解，但是这种行为不礼貌。

自己碟中的菜未吃完就重新夹菜，会让人觉得你贪心不足，没吃过好东西，没见过世面。如果你是长辈，必然无法在晚辈面前树立起一个深谙礼节的好形象；如果你是晚辈，必然会给长辈留下一个不懂得尊重长辈的糟糕印象。如果你最后什么菜也没吃完，剩一堆菜在碟子里，有的人却什么也没吃到，你必定会给人留下自私的印象。每次夹菜前，都要保证自己碟子里的菜已经吃完。自己夹菜时要“量力而行”，应避免夹得过多而造成浪费。

教养金句

人为生而食，非为食而生。

——近代·富兰克林（美国）

宴会闲聊，避免因观点不同而争执

宴会闲聊时，宾客之间因观点不同而争执是失礼的行为。

在参加宴会时，与同桌闲聊，会涉及很多话题，如宗教信仰、政治观点等。当你对有些话题有不同意见的时候，不要和对方去争执。当有人反驳你的观点的时候，也不要针锋相对，应该保持沉默。这样不仅是对同桌的尊重，也维护了宴会的良好氛围，是有教养的表现。

参加宴会，何时“开吃”有讲究

参加宴会时，从许多细节中都能看出你懂不懂规矩，有没有涵养，甚至值不值得别人信赖和交往。

宴会还未开始就独自动筷动勺“开吃”，想必你不是饿极了就是没见过餐桌上的美味。这给人的感觉是你参加宴会的唯一目的就是吃。这是不把宴会主人放在眼里的表现。宴会的一大功能就是帮助社交，如此表现，怎么能体现出礼仪的内涵呢?

宴会时，一般来说，主人或主客未动筷动勺“开吃”，那你最好不要动。当主人或主宾动筷动勺“开吃”时，你才能“开吃”。

起身去夹离自己很远的菜，失礼

在宴会餐桌上起身去夹离自己很远的菜是有失礼仪的。

教养金句

口腹之欲，何穷之有？每加节俭，亦是惜福延寿之道。

——北宋·苏轼

（吃好东西的欲望，哪有穷尽？每每加以节俭，也是爱惜福分延长寿命的做法。）

如果你心里着急吃不上，怕别人抢光，起身去夹离自己很远的菜，别人会为你“以小人之心度君子之腹”而轻视你的为人；如果你是因为想迫切品尝菜的味道，你的动作会引起别人的注目和暗自嘲笑。抛开个人形象不说，起身夹离自己很远的菜，很容易打扰、碰撞别人，是失礼的行为。

所以，如果某道菜离自己很远，应待其转到自己面前时再夹。夹菜时，不要站起来夹。对于自己够不着的菜，宁可不吃也不能站起来伸长脖子和手臂去夹。

随时随意转桌，绝对不受欢迎

新上的菜，长辈或主宾一口都没吃到，你就转桌先大快朵颐，同桌用餐的人会觉得你不懂得尊重人，不懂得礼节；别人正在举杯祝酒，你转桌吃菜，别人会觉得你目中无人；别人正在夹菜，你转桌是在给夹菜的人捣乱，给人的感觉是你成心让他夹不着或者夹不牢；众人正在就某事停箸讨论，你却旁若无人地转桌准备夹菜，明显是对吃菜的兴趣大过对与大家交往的兴趣。

随时随意转桌，显得过于自由，这非但不便于制造轻松快乐的气氛，反而容易给大家带来疑惑和尴尬。转桌要找没有人正在夹菜的时机。不要在主宾还未品尝第一道菜时转桌。转桌时，如果有必要，应先用语言或眼神、动作向大家提示一下。

吃西餐时，不可把双肘支在桌上

吃西餐时把双肘支在桌上，可能大多数人都不觉得这样做有什么不妥，觉得这只是无意识的动作。偶尔托腮，还会有点思想者的美感。事实上，这样的动作不可取。

吃西餐时把双肘放在餐桌上会显得自负、耀武扬威，在西方人眼中，这是不雅也是不尊重人的表现。将双肘放在餐桌上就像抱胸与别人对话，传达给别人的感觉是保守、抵触和不信任。

教养金句

虚坐尽后，食坐尽前。

——《礼记》

（尽量把身体往后坐一点，表示谦恭；吃饭时，尽量把身体往前挪一点。）

吃西餐时，双手前臂靠近桌边即可。上身要挺直，保持自然的姿势。进餐时，应避免趴在桌上。

吃西餐不识菜名，不可胡乱点

吃西餐时，尤其是在正规的西餐厅吃饭，不认识菜名千万别胡乱点。

点一堆汤或点一堆肉，餐桌上单调不说，把食物吃完都是个问题；点一堆现场演奏的音乐，额外花钱不说，干等着半天才知道你的“菜”已经“品尝”过了，让人哭笑不得；点的甜食过多，整顿饭吃得不会舒服。总之，吃西餐而不懂菜谱胡乱点，既无法吃饱吃好，又会给同伴留下糟糕印象。

吃西餐点菜时应首先对菜名有所了解。如果自己没有把握，可以请服务人员稍作介绍或提供建议。要明白，点菜也应考虑到同桌的口味和禁忌。

吃西餐，一定要学会用餐具

吃西餐在很多人看来与吃中餐主要的区别就是餐具不同，只不过是诸多刀叉上阵。如果你这样想，说明你对西餐餐具的认识不足。因为西餐餐具是不能随便使用的，不是怎么拿都可以的。吃西餐时像拿勺子一样拿刀叉，一切食物都用自己看着顺眼的餐具来解决，想用刀的时候用刀，想用叉的时候用叉，这样做是失礼的表现。如果你参加外宾举办的宴会，哪怕是野餐性质的西餐，这样做也是不礼貌的。吃西餐时，别忘记左叉右刀的基本使用规则。

手持餐具时，手不要太靠下，通常握在餐具底部以上三分之二处即可，同时应使餐具的尖端稍微朝向下方。在正式西餐宴会上吃沙拉、鱼、肉、甜点等不同食物时，要会使用相应的刀叉，并按照上菜的顺序依次食用。

吃西餐，刀叉摆放有讲究

吃西餐时，别因为不会放刀叉而引起误解甚至挑起纷争。不会放刀叉会被别人视为餐桌礼仪的门外汉。

在中餐餐桌上，我们吃菜通常是全部吃完后才撤盘，即便中途暂时离开，主人或服务人员也不会将没吃完的菜端下去。但吃西餐时不注意刀叉摆放的位置和方式，在就餐过程中放错了刀叉，同伴就可能认为你已经吃饱了，服务人员会认为你不再吃这道菜而主动上前撤盘。当你正在与别人交谈，却突然被服务人员端走盘子，或者中途离开返回后发现面前的盘子已经被撤掉了，你怎能不惊讶呢？

吃西餐中途离开餐桌时，应将刀叉尖端向上，交叉放在主盘中。交谈时，可以不放下刀叉，但不应拿着刀叉做手势、乱挥舞。无论何时都不应将刀叉一端放在桌上，另一端放在盘中。

吃中餐，要使用公筷公勺

如今宴会上，特别是吃中餐时，很容易见到公筷、公勺的身影，因为人们的卫生意识越来越强了。如果放着公筷、公勺不用，就是绝对的不合礼仪了。

教养金句

在宴席上最让人开胃的就是主人的礼节。

——近代·莎士比亚（英国）

如果不用公筷、公勺，对方会觉得你既不讲卫生，又不尊重对方。与奉行分餐制的外国客人一起吃中餐时不用公筷、公勺，他们的不满会格外强烈。如果在商务宴会上不使用公筷、公勺，就是对餐桌规矩的违背。你在小节上不注意，觉得可以不分彼此，关注细节的客人就会从此对你产生怀疑和失望。

静

公共场所篇

在公共场合，虽然我们面对的更多是陌生人，但是言行举止依然不能任性而为，要遵守公共礼仪规矩。这不仅是一个人有素质的体现，也是对自己安全的一种保护。本部分按照我们未成年人的生活特点讲述公共礼仪规矩，用具体情境，讲述身在街市、地铁公交、飞机车船、社区、景区、商场集市、网络、酒店、图书馆、影院等公共场所，我们该如何约束自己的言行，遵守相关礼仪规矩，表现出自己良好的教养。

社会常见的礼仪规矩

公共礼仪通常以一种道德习俗的方式约束着全社会的每一个人，发挥着维护社会正常秩序的作用。让我们通过对公共礼仪规矩的学习和应用，建立和谐的人际关系，从而在交往中讲文明、懂礼貌，形成良好的交际氛围。

进入公共场合，要保持安静

公共场合人员来往密集，和谐的氛围是维持公共秩序的因素之一，所以有教养的人会保持安静，以免打扰到他人。假如众人都高声谈笑、大声打电话，一个人的声音比一个人的声音高，或者都把东西摔打得砰砰响，就会乱糟糟一团，造成一个很不文明的公共场面了。

在公共场合大声喧哗，不仅有损自身形象、影响他人活动，也侵犯了他人的公共权利，扰乱了公众秩序。特别是身处办公室、医院、学校等需要安静的公共场所时，更应多些“嘘”的意识，做好自我约束，留给他人安静舒适的空间。所以，人群越是集中的地方越要求交谈者低声细语，声音的大小以不引起他人的注意为宜。行动的时候，要轻手轻脚，注意不要发出巨大的声响。走路时鞋子的质地不同会产生不同的声响，所以脚步要放轻，不要手舞足蹈，更不能故意走得啪啪作响。不要在公众场合追逐打闹，遇到急事时，不能急不择路，慌张奔跑。

另外，要把手机的音量调到合适的大小，避免来电话时在公共场合突然出现“噪声”。

我们从小就要养成轻声慢步、安静有序的道德意识和各种文明习惯。

衣着不得体，尽量不出门

正如莎士比亚所说：“服饰往往可以表现人格。”得体的服饰穿戴对于美化人的仪表、提高人的气质、完善人的形象有着极为重要的作用。

通常，人们往往会依据一个人的衣着装扮去推断他的人品、性格等情况。服装整洁，会给人以愉快的印象。所以，我们在公共场合，一定要衣着得体，这样才更容易受欢迎。

要学会维护公共环境和卫生

维护公共环境和卫生，基本要做到以下四点：

一是在公共场合不准乱扔果皮纸屑等，且要自觉地把自己制造的废弃物带走。

二是对公共场所的公用设施要倍加爱惜。不要有毁坏树木、践踏绿地、采摘花朵、污损雕塑等行为。

三是下雨或下雪时进入公共场所，要自觉地将雨具留在室外或前厅。拖泥带水地入内，是很失礼的举动，应在门外的擦鞋垫上擦干净鞋子。到受保护的场所参观、游览，要穿上鞋套后再入内。

四是在公共场合不要随地吐痰。随地吐痰是无视别人健康的行为。从礼仪角度而言，随地吐痰的姿态极为猥琐，令人厌恶。另外，吐痰还容易让别人误以为你在表达对对方的蔑视或不满，引起别人心理上的芥蒂。应避免在大庭广众之下吐痰。吐痰时应寻找厕所，也可用卫生纸巾包住痰液，然后将其弃置垃圾桶。在室内应寻找痰盂吐痰并避开别人。

在公共场合使用手机应遵守公德

公共场所乃是公众共享之处，得体的做法是人人都自觉地保持肃静。显而易见，在公共场所手机铃声响个不停，或是与他人大声通话，都是侵犯他人权利、不讲社会公德的表现。公开场合用手机外放音乐、手机彩铃过于个性化等都属于不文明使用手机的行为。

特别是在人多的地方，听音乐务必戴着耳机。如果非要在公共场合使用手机通话，应寻找无人之处，尽量把自己的声音压低，不宜旁若无人地大声说话。信号不畅时，可改换通话位置或改用其

教养金句

因为道德是做人的根本。根本一坏，纵然使你有一些学问和本领，也无甚用处。

——近代·陶行知

他通信方式，不能大声呼叫。在公共交通车辆里、会场、影院、剧场、音乐厅、图书馆、展览馆等需要保持安静的场所，要主动关机或把手机置于振动、静音状态；如果接到来电，应到不妨碍他人的地方接听。

另外，不在乘机过程中使用手机，不在加油站使用手机。

遵守公共秩序，自觉排队不加塞

排队对我们来说是再熟悉不过的事情，排队买票、排队乘车、排队吃饭、排队付款、排队做其他事情等。但是，你知道排队的礼仪吗？

排队的时候，不要起哄、拥挤、加塞儿或破坏队伍。大家均应缓步而行，人与人之间一般保持 0.5 米左右的间隔。如果别人排好了队，不要从队伍里横穿过去。在不得已需要横穿的情况下，请先说声“对不起”。遇到需要特殊照顾的人士，例如老人、孕妇、残障人士等，可以让他们排到你前面。

别人都有序排队，却有人公然加塞儿。这种蛮横、不讲理的做法是无法让人服气的。排队加塞儿也许是因为事情紧急，但无论如何，这都是令人难以接受的。这种行为破坏了正常的秩序，侵犯了他人的权利，在排队的高峰期，尤其容易引起众怒。视排队而不见、任意插队是不讲理的行为。如果自己情况比较特殊，急于办事必须插队，也不要硬往前面挤，而是要先征得其他人的同意。

在排队时，要维护排队秩序，不能充当“老好人”纵容那些加塞儿的无礼要求，这是对大家的尊重。对待插队者要勇于发声，在维护自己合法权益的同时也维护每一个正常排队人的权益。

我们一定要学会遵守公共秩序，有事自觉排队。排队时应按照先后顺序，并按照规定保持距离，站在指定区域。

不雅的体态动作，是一种无礼

在公共场合，你是否有这样的体态：斜靠在沙发上或座椅上，坐着时跷着二郎腿，身子扭曲地站立并晃来晃去，走路摇摇摆摆，叉着腰和人说话……

告诉你，当你用这些体态出现在公共场合的时候，你是在自毁形象：半躺在沙发或座椅上，显得十分懒散、没有精神；跷着二郎腿，还不断地抖动着自己的双腿，显得十分没有素养；把头仰靠在沙发背上，仰着脸同他人交谈，这样显得你很没有礼貌；要是身子扭曲地站立并晃来晃去，别人会认为你“站没站相”，缺乏教养；叉腰会让别人感到你是在对他挑衅和冒犯。这些做派是对人极不礼貌的表现，不仅会让公众觉得你对他们缺乏尊重，还会让人觉得你没有修养，从而看轻你。

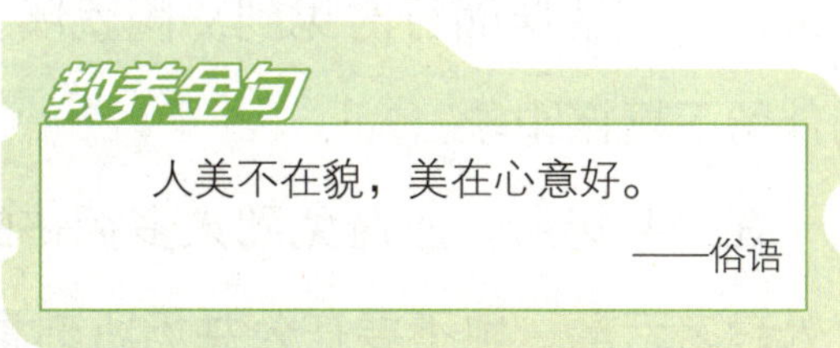

所以，在公共场合，一定要注意保持良好的体态，这样才显得有教养。

公共场所，不要哪里热闹去哪里

远处人声嘈杂，听起来似乎是有人在打架斗殴，赶忙加快脚步跑过去看；看到有很多人围着高声叫卖的小贩，赶忙冲过去凑热闹；听说出了车祸，就赶快向人群聚集的地方奔跑……哪里人多去哪里，哪里热闹去哪里，喜好围观是一个坏习惯。

公共场所不是自家小院，不是说书卖艺的剧场。当众乱窜，给人一种乱凑热闹、没有修养、没有自制力和没有是非观的印象。聚众围观，容易导致场面更加混乱，阻塞交通，不方便别人经过。从礼仪上讲，如果被围观的是无聊人的闹剧，你的行为无疑会令人不齿。如果你与人结伴而行时见到热闹就凑，不仅浪费大家时间，还会给同伴留下糟糕印象。

在公共场所，应避免到人多拥挤的地方聚集。不要对人群聚集之处趋之若鹜，也不要在公共场所刻意制造噱（xué）头。

公共场合，不可随地坐卧

很多人在公共场合经常“不拘小节”，丑态百出。在街头等公共场所我们经常可以捕捉到这样一些不文明行为：有的人在广场上席地而睡，有的人在路边三轮车上随意一躺，还有人

教养金句

君子不重则不威。

——《论语》

（君子不自重就不令人敬畏。）

坐到超市提供的推车上休息。虽说都是小问题，但让人看着真的很别扭。

在公共场所躺卧是一种非常不文明的现象，不仅占用了公共资源，也损害了自身形象。每个人都能提高自己的素质，舒坦自己身体的同时，别忘展现出自己的文明。

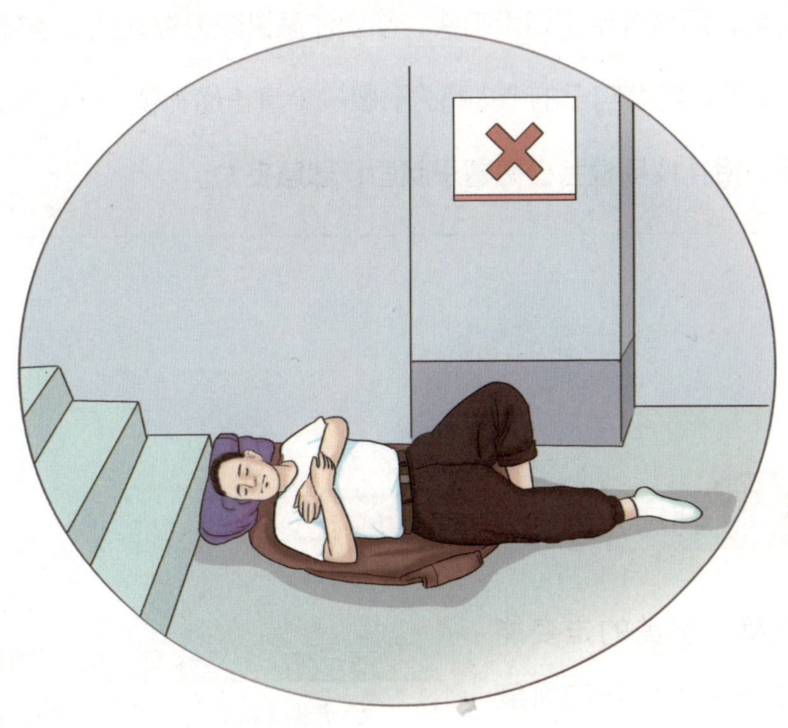

过路行走的礼仪规矩

出行，不管是一个人独行，还是与多人同行，不管是行走于偏僻之地，还是奔走于闹市街头，都要注意讲求公德礼仪，遵守交通规范，严格约束自己的个人行为，做一个真正懂礼仪、守规矩的人，切不可将礼仪与社会公德置于脑后，肆意妄为。

公共场合，走姿一定要端正

正确、优美的走姿能展现出一个人良好的风度和气质。因此，人在步行的时候，特别在公共场合，走姿要规范。

教养金句

游毋倨（jù），立毋跛，坐毋箕，寝毋伏。

——《礼记》

（走路不要显出傲慢的样子，站着不要偏用一脚而歪斜，坐着不要伸开双腿像簸箕，睡觉不能趴着。）

一般来说，步行的规范姿势是，头正颈直，两眼平视前方，面色爽朗。脊背与腰部要伸展放松，脚跟要首先着地，并走出直线。走路时上身自然挺拔，挺胸、收腹、立腰，重心稍向前倾。跨出的步子应是全部脚掌着地，膝和脚腕不可过于僵直，应该富有弹性。膝盖要尽量绷直，两臂收紧，大臂带动小臂自然前后摆动，从而使步伐有节奏感。

行走速度适中，不要过快或过慢。过快给人急躁印象；过慢则显得没有时间观念，缺乏精神。

另外，要根据着装的变化掌握不同的步态：男生穿西装时要注意身体挺拔，保持后背平直，走路的步伐可略大些。手臂放松，伸直摆动，不能晃肩，髋部不要左右摇摆。女生穿长裙时走路要平稳，步幅可稍大些，保持裙摆的摆动与脚步协调。女生穿短裙时，行走步幅不宜过大，速度可稍快。

过马路要“一停二看三通过”

横穿马路，遇到的危险因素会大大增加，所以要特别注意安全。过马路时，要谨记“一停二看三通过”。

停：无论有没有信号灯，你都得停在路口前的人行道上、安全岛上或是街角安全区里。

看：看人行横道（斑马线），看红绿灯，观察清楚整条马路，观察车流方向。左看一右看一再左看。你得确保仔细观察至少两次左侧、右侧和前方三个方向，完整看清整条路的情况。

通过：观察清楚车辆方向，特别注意转弯车，在确保安全的情况下，从斑马线上直线快速通过，不要停留在路上，也不要奔跑。

在没有斑马线、信号灯的路口，请你一定注意寻找附近是否有人行天桥或地下通道，通过人行天桥或地下通道过街通行。不要采用翻越道路中央的安全护栏和隔离墩的方式过马路。如果没有人行天桥和地下通道，也要在确保没有车辆通过的时候安全通过路口。

遇有十字路口，无论要去的地方在对面马路的什么位置，一定要直线过马路，减少通过马路的距离。千万不可斜穿十字路口，更不能在车辆临近时突然加速横穿马路或者中途倒退、折返。

马路上行走，遵守规则、注意安全

在马路上行走时，要自觉地走人行道，不要走行车道，还应自觉让出专用的盲道。无人行道时，应尽量走路边。在道路上行走时，按惯例应自觉走在右侧，不可逆行左侧。行走时要专心，注意周围情况，不要东张西望、边走边看书报或做其他事情。

教养金句

坐不中席，行不中道，立不中门。

——《礼记》

（坐不要坐在中心位置，走路不要走在道路的中间，站立不要站在门的正中。）

在道路上行走时，行动不要太慢，应该保持一定的速度，以免阻挡身后的人。更不要在路上停留、休息或与人长谈。

在没有交通民警指挥的路段，要学会避让机动车辆，不与机动车辆争道抢行。在雾天、雨天、雪天，学生最好穿着色彩鲜艳的衣服，以便机动车司机尽早发现目标，提前采取安全措施。

红灯停，绿灯行，信号灯闪时要等等

作为行人要知道，机动车辆右转大多是不受信号灯限制的。所以绿灯时，在你迈步走上斑马线前首先得注

教养金句

凡行路巷街，贱避贵，少避老，轻避重，去避来。

——《仪制令》

意直行方向车辆行驶情况，还要关注转弯处是否有车驶来。因为车辆转弯时司机的视线会受到一定的影响，无论司机是否守法地减速慢行都有可能无法及时发现行人。所以绿灯时也不要着急，如果绿灯倒计时剩余不多，还是耐心等待下一个绿灯再通过吧。

红灯停，绿灯行，当黄灯闪烁时，我们一定要停下匆匆的脚步，留在路的一侧，耐心等待下一个绿灯亮起。“宁停三分、不抢一秒”，绝不能拿自己的生命与某些开车注意力不集中来不及刹车、赶时间开快车刹不住车和故意闯信号灯不刹车的司机们赌运气。

下 车过马路尽量从车尾通过

步行时，正确的路径选择不仅是一种礼仪，更是对自己安全的保障。

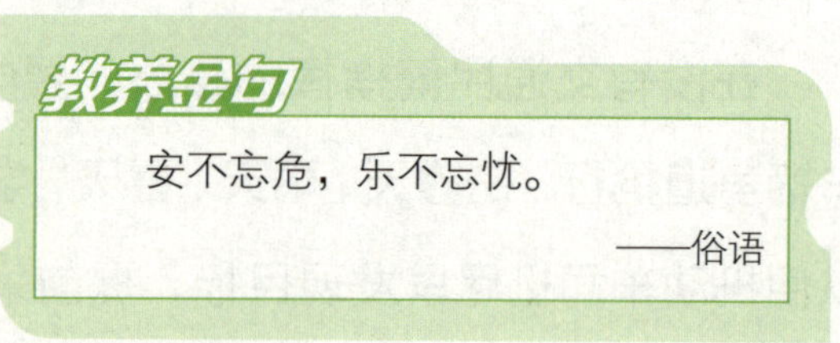

乘坐汽车到达目的地，准备穿过马路时，我们尽量避免从汽车车头方向过马路，特别是乘坐公共汽车，请绕行至车尾方向看清后方来车情况后再通过斑马线、人行天桥或地下通道过马路。

如果贸然从车头前穿过马路，很容易发生事故。如果一定要从本车或其他车辆车头处进入并横穿马路，请先停在车头外角处与车平齐的地方，探头观察路面情况，确认是否有来车，保证自己的视线不被遮挡，也保证来车能发现你准备过马路，从而减速礼让，保证你安全通过。

结伴外出，多人步行要守规矩

多人结伴外出时，如果步行，最好有组织、有秩序地列队行走；集体外出时，不要相互追逐、打闹、嬉戏。

教养金句

凡侍长上出行，必居路之右。

——宋·朱熹

要注意的是，多人一起步行，尤其是与尊长、异性一起在较为正式的场合步行时，一定要注意位置的具体排列应符合礼仪。通常规则是：两人时，以右为尊，以内侧为尊；以左为卑，以外侧为卑。并行者多于三人时，以居中者为尊。多人单行行走时，以前为尊，以后为卑。所以，要尽量让尊长者或女性走中间和内侧。

走路时忌多人携手并肩前行，那样会阻碍别人行走，而且还不利于交通安全。

结伴走路时步速要与大家一致

一行人结伴而行，大家都保持相距不远的距离。唯独你一个人，把大家远远地抛在后面，或者慢吞吞地跟在大家看不见的后面。这些表现显然是社交礼仪不允许的。

结伴出行时，不要只考虑自己的需要，而应处处以大多数人为行动的参照对象。无论在什么情况下，从众人同行的行列中脱离出来都是一种令人反感的行为。结伴行进时，步伐不要太快或太慢，应与同伴们保持一致。有必要先行一步或稍后赶上时，一定要礼貌地提前和大家打招呼，并随时保持联系。

借路时要打招呼，不能一味往前冲

借路时图省事，一声不吭就横冲直撞过去，这绝对是缺乏教养的行为。

在剧场、集市、展览会等人群聚集的场所借路不打招呼，撞到一个人的同时也会连带撞到其他人，从而引起众怒；在窄路上借路不打招呼，别人很容易被你挤倒、摔伤；面对年长者借路不打招呼，显然是目无尊长……借路不打招呼，不仅不礼貌，还容易造成或大或小的事故。在人多拥挤的地方借路一定要提前打招呼。借路时别人如果没有注意到你，必要时应停止前进并向对方说明，不要强行通过。多人同行时一定要减慢速度，有序行进。

问路和接受问路，都要彬彬有礼

向他人问路时，宜主动到距对方适当的距离内，根据对方年龄、性别等特征恰当地予以尊称，并对打扰对方表示歉意，然后清晰简明地说明自己的意图。得到答复后，表示谢意。如果对方表示不清楚或不确定地点，也应表示谢意，并转问他人，不可纠缠不休。

接受他人问路时，注意倾听对方请求，指明交通线路或需乘坐的交通工具；如果口头表达不清，可征得对方同意后带路。自己不清楚或不确定的地点，应致歉意，并请其他人予以帮助。不可把他人招呼到自己面前问路。不可对他人问路不理不睬或漫不经心随意指，更不可指错路。

教养金句

见人不施礼，枉跑四十里；见人施一礼，少走十里地。

——俗语

楼梯廊道的礼仪规矩

楼梯、电梯、廊道和马路地下通道这些特殊场所，一般比较狭窄，我们在通行的时候，如果不注意自己的行为举止，就很容易妨碍他人，甚至会发生危险。所以，经过这些地方的时候，要遵守一定的礼仪规矩，做到礼让他人，保证大家的人身安全。

上下步梯，走前走后有讲究

传统的礼仪观认为：上楼时，女士在前男士在后，长者在前幼者在后，以示尊重；下楼时，男士在前女士在后，幼者在前长者在后，此为安全考虑。但是随着时代的变迁，礼仪的观点也在不断变化。上楼时，如果还让女士先请，那么走在后面的男士的视线正好落在女士的臀部上，这会让女士感到不舒服，属于失礼行为。所以，上楼时男士应该走在女士的前面；而下楼时，才能适用“女士优先”的礼仪原则。

另外，上下楼梯遇到人，应先主动侧身让路，等待对方走过之后再继续上下楼；如果遇到长辈，要微笑、问候并礼让，不能抢行。

上下自动扶梯要注意

自动扶梯首先强调的是“左行右立”，即上下自动扶梯需要靠右站立，留出左边的通道让有急事的人先行。

搭乘前，要系紧鞋带，留心松散、拖曳的服饰（如长裙、

教养金句

彬彬有礼的风度，主要是自我克制的表现。

——近代·爱迪生（英国）

礼服等），以防被梯级边缘、梳齿板、围裙板或内盖板挂拽。如果故障扶手带与梯级运行不同步，要注意随时调整手的位置。离开时，要顺梯级运动之势抬脚迅速迈出，跨过梳齿板落脚于前沿板上，以防被绊倒或鞋子被夹住。

搭乘时，不要让鞋子或衣物触及扶梯玻璃或缝隙处，避免梯级运动时因挂拽而造成不必要的伤害；离开时，不要在扶梯或人行道出口处逗留，以免影响其他乘客，造成挤推。不要将头部、四肢伸出扶手装置以外，以免受到障碍物、天花板、相邻的自动扶梯的撞击。不要将雨伞尖端或者鞋尖等尖利硬物插入梯级边缘的缝隙中或者梯级踏板的凹槽中。在自动扶梯缓缓升高的过程中，随身携带的箱包、手提袋等不要放在梯级踏板上或手扶带上，以防忘记提携时东西滚落得到处都是。另外，不要蹲坐在梯级踏板上，以免发生危险。

等候电梯时，要懂得礼让他人

等候电梯时，站在电梯口的侧面等电梯，不要站在电梯门口正前方，以免阻碍别人的出路。

等候搭乘电梯时，看到年纪或辈分比自己大的人，包括孕妇等，应该礼让他们先行，以表示尊敬。如果看到年长者或孕妇等来到电梯厅门前时，可以帮他们按住电梯按钮。轿厢到达厅门打开时，若乘坐电梯的不止一人，可先行进入电梯，一手按“开门”按钮，另一手按住电梯侧门，礼貌地请大家一起顺利进入。

等电梯内的人出来后，才可以进入，即使有急事，也不应争先恐后。当电梯关门时，不要扒门或是强行挤入。看到电梯内乘员较多、比较拥挤时，不要强行挤入，应该改坐下趟电梯，避免因人员超载而发生危险。

电梯礼仪虽小，但有时候这些细节往往对一个人的印象产生很重要的影响，因为礼仪可以体现一个人的个性与素养。保持一定的礼仪，在一个人的一生中都有着重大的意义。

电梯之内，礼貌放在第一位

进入电梯后，要看清楚外面确实没有人，才可以开动电梯，按下长辈要去的楼层按钮。若电梯行进期间有其他人员进入，可主动询问要去几楼，帮忙按下按钮。假如搭乘有服务人员负责操作的电梯，要礼貌地说出所要上楼的层数并道谢；出梯前，应该对电梯服务人员说声“谢谢”。如果别人已为自己按钮，要及时道谢。

教养金句

有一种内在的礼貌，它是同爱联系在一起的。它会在行为的外表上产生出最令人愉快的礼貌。

——近代·歌德（德国）

在电梯内应暂时停止谈话。电梯内仍应与他人保持少许距离，并尽量侧身面对他人。尽量保持电梯内安静，不要高声喧哗或接打电话。保持举止文雅，不做过多举动，不要盯着陌生人看，也不要四处张望。如果在无意中碰撞到别人，应立即向对方道歉。遇有残障人员同时搭乘电梯，应特别加以扶助。

有人到达目的楼层，一手按住“开门”按钮，另一手做出请出的动作，可说：“到了，您先请！”当电梯到达自己的目的楼层时，如果站在后排而要先走出电梯，应先说声“对不起，借过一下！”再请别人让路。

通过走廊，要遵守礼仪规范

公共场合的走廊往往是通行的要道，一般比较狭窄。因此，在通过走廊时要放轻脚步，小步慢行。行走时，尽量右侧通行，不能快跑，以免撞到别人。因为走廊比较狭窄，有人相对而行，错身时要微微侧身，避免与人相撞在一起。

在走廊不小心与人相撞时，一定要宽容待人，要积极主动地向对方道歉。

特别是在写字楼、商场这样的公共场合，不要在走廊逗留和休息，也不能一边走路一边大声说话，更不得唱歌或吹口哨等。

电梯先进后出，这是一种美德

掌握电梯进出礼仪对有序乘坐电梯非常关键。进出电梯时，先出后进是原则，先进后出是礼让。先出、后进是起码的公共礼仪，这样做能让乘客井然有序，不至于造成混乱。掌握电梯进出礼仪对有序乘坐电梯非常关键。电梯进出礼仪是电梯规则的核心。同乘电梯应让长辈、女士、客人先出，以免相互推搡而产生尴尬。当然，礼让一位需要帮助的人，例如让老人、孕妇、残疾人、小孩等先出，这也是一种美德。

过地下通道，快速通过不逗留

> **教养金句**
>
> 出处全在人，路亦无通塞。
>
> ——唐·聂夷中

地下通道又称为地下人行道。在比较拥堵复杂的交通体系中，常常会贯穿一些封闭性的交通网道，这就是地下人行道。有了地下人行道，行人就能避开路面的车辆，快速、安全地通过。

地下通道相对封闭。在进入地下通道时，不要在里面玩耍和逗留。要尽量快速通过，一是注意安全，二是保证地下通道的畅通。另外，在地下通道里，不要因为地处偏僻而随地吐痰和乱扔垃圾，更不能大小便。

城市的地下通道，往往聚集着一些艺人、商贩等，不要围观，也不要与他们随意交谈。对身份不明的人的搭讪也不要理睬。

商超购物的礼仪规矩

去商场、超市购物是我们生活中经常做的事，既满足了日常所需，也是对生活的一种调剂。但作为特殊的公共空间，商超环境的舒适还需要我们每一个人的努力。在购物过程中，遵循相关购物礼仪规矩，不仅方便他人、方便自己，同时也有利于构建和谐便捷的购物环境。

购物时不可用手接触裸露食品

在超市购买散装食品时，千万别图省事或因为其他原因而舍弃专用工具用手去取。

在超市买米，放着专用的铲子和勺子不用，偏用手抓；在超市买散装饼干，不用夹子而用手拨来拨去；在

教养金句

修身洁行，言必由绳墨。

——北宋・王安石

（提高自己的品德修养，检查自己的行为，说话必须符合准则。）

超市买糖果，将专用夹子放在一边，只用手挑拣。这样做一方面会让其他顾客对超市食品的卫生产生怀疑，一方面会让别人对你的道德产生怀疑。如果你将不宜用手翻动和抓取的散装食品弄得面目全非，更会给超市造成经济损失。这样做除了显示你是一个缺乏社会公德的人，并不能说明你多么有个性。

在超市购物选取食品时，应按提示使用相应的工具。另外，不要将已经挑好的散装商品再倒回货柜。

商场试衣时不要将其弄脏

买衣前试衣大多都是可以的，但试衣时弄脏衣服就不应该了。试衣时弄脏衣服，既是对衣服的不爱护，又是对售货员的不尊重。

试衣服前刚吃完烤肉串，双手不擦就试衣，难免使衣服沾上油污；试衣时如果不注意分寸，穿套头衣服就容易使衣服沾染上你脸上的化妆品；刚出了一身大汗，就马上进店试衣，试完后衣服上说不定已经浸染了汗液和汗臭。

试衣服时，应避免让自己的汗液、化妆品等沾染衣服。试衣服前，最好保证自己的身体是清洁的，女性最好事先擦掉唇膏等化妆品。另外，还应避免在衣服上留下手印、灰尘等。

试衣完毕后若不满意，不应一言不发地丢下衣服就走，而应对售货员礼貌地道谢，并将衣服交给服务人员或整齐地放回原位。

超市购物，不可随意拆开商品包装

在商场或者超市购物时，不要随意拆开商品包装。

教养金句

勿以恶小而为之，勿以善小而不为。

——三国・诸葛亮

购买果汁、食品等物品时随意拆开包装，如果你不买，食物就会很容易变质、作废；随意拆除小家电、工艺品的包装，它们会因为失去保护而容易损坏；随意拆除名牌商品的包装，它们会因为不完整而价值大减。随意拆开任何商品的包装，都是对商品完整性的损害，都会影响它们的外观之美以及销售。随意拆开商品包装，会给工作人员整理和调换商品增加负担，并且容易引起别人的效仿，产生不良影响。

超市食品，不可擅自品尝

超市买东西，看到摆放的食品，往往忍不住尝一尝。但是你知道吗？这样做可不太好。

随意品尝散装食品，容易造成交叉污染，带来卫生隐患。随意品尝超市食品容易被认为是顺手牵羊的举动，从而招致嫌恶的目光甚至麻烦。违规品尝超市的食品，不利于自己的健康和公众形象，也会影响超市的利益。除非超市摆放有允许顾客品尝的样品，否则不要擅自品尝食品。

对于大块的糕点类食品，不要擅自掰取品尝。对于液态、较软、较黏的食品，更不要随便拿取和品尝。

文明购物，看过商品后要归位

在商场或超市购物时，别忘了将看过的商品归位。

在商场中浏览一圈之后，把食品放在家电区，把卫生用品放在散装食品区，把内衣放在玩具专柜，把图书放在化妆品区……这样乱放商品的行为让人觉得很不妥，甚至会被认为没教养。乱放商品会破坏商场商品摆放的秩序和美观，给工作人员整理以及其他顾客挑选商品带来麻烦。

看过商品后不归位，让人觉得你做事有始无终。更重要的是，这种做法还是缺乏社会公德的行为。所以，如果挑好商品后又不想购买了，请务必多走几步物归原位，切忌顺手一丢。归位既避免了不同商品之间可能出现的相互污染，也让工作人员每天少为商品整理奔忙。

另外，在超市购物结束后，购物车篮切忌随处丢放，尽量放到指定位置，更不要私自带回家。整洁有序的购物环境，既方便了他人，也方便了自己。

要 尊重商场服务人员

人无高低贵贱之分，超市服务员为您提供指路、结账等服务后，别忘了向他们道声谢。彼此尊重，共同营造和谐有礼的社会氛围。

教养金句

对人不尊敬的人，首先就是对自己不尊重。

——近代·陀思妥耶夫斯基（俄国）

购买商品时，要用恳切的声调招呼售货员，不要“喂、喂”乱叫，更不能盛气凌人，用命令式的语气说话。当售货员正在为别的顾客服务时，我们要在旁耐心等待一会儿，不要急于招呼，更不要用手猛敲柜台和橱窗。

售货员在工作过程中难免会发生一些差错，例如计错数，找错钱，拿错商品，等等。如果发生了类似的情况，我们要试着谅解对方。遇到个别态度不好、蛮不讲理的售货员时，不必与之争吵，可以找商店负责人说明情况，要求解决。

乘坐公共交通工具的礼仪规矩

公共交通礼仪是一个人公共道德的体现，也直接体现国民的素质。随着科技的高速发展和国家的富强，我国出现了越来越多的公共交通工具，交通发达了，相应的公共交通乘车礼节也要得到弘扬和发展。中国自古就有“礼仪之邦”的美称，可是，大家知道乘坐公共交通时有哪些规矩吗？

站点等候公共交通，要守规矩

乘坐公共交通出行，很多时候要提前到站点等候。但是，无论是地面的公共汽车，还是天上的飞机，站点等候时都要礼貌有序守规矩。

教养金句

世界上的一切都必须按照一定的规矩秩序各就各位。

——近代·莱蒙特（波兰）

无论在马路边的公交车站，还是高端豪华的国际机场，等候时都要遵守公共场所的秩序。要爱护公物，不要故意损坏站台、站点的公共财物，如座椅等。还要注意清洁卫生，不要随地吐痰、乱扔果皮纸屑等。

乘坐公共交通时需要的零钱、车票、电子卡片或身份证件等要提前准备好，避免耽误后面的乘客。特别是乘坐地铁、飞机和高铁这样的交通工具，要遵守站点的安检要求，不携带违禁品

进入。

排队等候时，要礼让老幼病残的乘客。对同行的人要礼貌谦让，不要推搡，防止意外事件的发生。在站台上等候时，要站在黄线外，避免车辆进站时发生危险。

进出交通工具要做守规矩的乘客

无论是公交车的前后门、高铁的自动门，还是飞机的机舱门，虽然都是供人进出的，但是要想走好这些门，就一定要知道其中的礼仪。

乘坐公交车时，如果是两个门的公交车则前门上，后门下；如果是三个门的公交车则是中门上，前后门下。上车后人不要堵在门口。乘坐列车高铁时，要主动接受工作人员对身份和车票的查验，态度和蔼，用语礼貌。乘坐飞机时，对空中小姐的问候要点头致意或回应其问候，不能对其视而不见、不理不睬。

在我们常用的公共交通工具中，不管是哪种交通工具的门，都需要排队有序地进入。遵守先下后上的原则，不要硬抢硬冲上下车门。任何公共交通工具在门即将关闭的时候，都不能硬扒。特别是地铁、高铁的门，硬扒门不仅会给自己带来危险，也会危害公共交通安全。

提倡尊老爱幼，主动让座给他人

乘坐公共交通时，要懂得让座给需要帮助的人。

乘地铁、公交车时，坐老幼病残孕专座时要注意：如果车上人少，你坐在老幼病残孕专座上没问题；如果车上人多，而又有年老体弱的人在场，不让座就会显得没有教养了。

教养金句

礼义廉耻，国之四维，四维不张，国乃灭亡。

——《管子》

（礼义廉耻是维持国家的四个基本要素，如果这四个要素不能贯彻执行，则国家很容易灭亡。）

让座是乘坐公共交通重要的礼仪之一。年轻人不给老年人和小孩让座，是不懂得尊老爱幼的表现；健康人不为残疾人、生病的人让座，是不懂得关心弱者的表现；男性不为孕妇让座，是不尊重女性的表现。在地铁、公交车上不让座，是极端自私、冷漠的表现。

所以，乘坐公共交通时主动给老人、儿童、孕妇、病弱人士让座，不仅是一种礼仪，更是一种美德。要本着尊老爱幼的真心去让座，让座时态度应礼貌，当别人向你致谢时应给予回应。

做文明乘客，站坐都要讲规矩

在乘坐公共汽车、地铁时可能无座，这时，一定要站好扶好。不要倚靠车厢、车门，更不能蹲坐在地上。

乘坐飞机、高铁时，每个人都有固定的位置，一定要对号入座。强占他人的座位或卧铺，一个人占用多个座位，都是有违道德和法律的行为。需要调换铺位时，要礼貌地和对方协商。

无论乘坐哪种交通工具，在座位上都要端坐好。落座时，上身要端正，背要挺直。两腿应紧并，两膝相抵并拢。跷二郎腿会踢到

旁边站立的乘客，这是不文明的行为。女性特别要注意，穿短裙时张腿而坐容易“走光”且有损形象。

在高铁和飞机上要注意坐卧姿势，不要妨碍到他人。另外，不要在地铁、公交等座位上躺卧。在乘坐飞机、长途汽车和出租车时，还要系好安全带。

乘坐公共交通工具注意言行举止

乘坐公共交通工具时，一定要注意自己的言行。

乘坐任何交通工具都不能打闹、嬉戏，因为这样会影响到其他乘客。

在地铁、公交车内，人多比较拥挤时，要保持安静，不要高声谈笑，注意手机等电子产品的音量。不小心碰撞或踩了别人，应马上道歉，被碰撞踩踏的一方也要有宽容的态度，不要出口伤人。在地铁、公交车内不吃东西，在高铁、飞机上不吃有刺激性气味的食物。

打喷嚏、咳嗽的时候一定要以手帕掩口。

乘坐卧铺车，晚间进入客车包厢休息，如果遇到别人正在宽衣就寝，应当在走廊稍作回避。自己脱衣就寝时应背对其他人，换衣服要去洗手间。

社区生活的礼仪规矩

社区是人最集中的地方之一，人口密集，社区每个人都有责任为建设美好的社区而努力。所以，社区文明礼仪和其他文明礼仪一样重要，我们从小要认识它、学习它，在构建和谐文明社区中当好社区文明礼仪的传播者和践行者。

与邻为善，邻里之间要和睦相处

中国古语有云：“远亲不如近邻。”可见在中国人眼中邻里关系是十分重要的。与社区中的邻居相处，重要的是与邻为善。

与邻为善，对我们未成年人来说，第一是要友好地对待邻居。例如，友好地对待住在附近、比自己年龄小的孩子；在街上遇见住在附近的叔叔或阿姨时，用他们的姓加

教养金句

为善则预，为恶则去。

——北齐·颜之推

上恰当的称呼同他们打招呼。第二是要相互帮助。看到邻居需要帮助，要及时伸出援手。例如，当邻居外出旅行时，帮他们看管报纸和信件；当邻居不在时，帮他们照看家养宠物。第三是宽容相待。引起邻里之间大矛盾的往往是一些小事。当事双方毫不相让、针锋相对时，矛盾就会升级。在邻里的交际中，要宽以待人，同时，应严于律己，不要做损害他人利益的事。第四是不要搬弄是非。邻里交际往往是

广泛的交往，有些邻居会把别人家的事情传来传去。这样一来，就会闹得邻里之间矛盾重重。要避免这种现象，就要不给搬弄是非者机会，自己也不去打听邻居家的私事。

孟子说：“乡田同井，出入相友，守望相助，疾病相扶持，则百姓亲睦。”邻里情也许没有友情那么亲密，却是一种不容忽视的人际关系。如果说成为邻居是一种缘分，那么处好邻里关系就是一种难得的福分。

维护社区环境，做好垃圾分类

为了保护环境，在社区内实行垃圾分类回收，通过分类投放、分类收集，把有用物资从垃圾中分离出来重新回收、利用，变废为宝。可以说，垃圾分类是利国利民的大事。作为祖国的未来，我们一定要了解“什么是垃圾分类、为什么要分类、如何分类”等垃圾分类知识，把“垃圾分类益处多”的理念传递给社区里的更多的家庭，传递给社区的大爷、大妈。让更多的人了解垃圾分类的方法和益处，并一起参与到垃圾分类行动中来！

垃圾分类我们要从自身做起，在社区做垃圾分类的宣传员，在家做垃圾分类的实践者。主动将家里的生活垃圾分为可回收物、有害垃圾、餐厨垃圾、其他垃圾四类，把它们投入社区相应的垃圾桶内。为参与社区管理、参与垃圾分类贡献自己的力量。

社区公共空间，不要私自堆放杂物

楼房的走廊属于公共空间。在自家门口堆放杂物，不但会影响走廊的环境，还会妨碍居民通行。如果物件的体积过大，或者物件易燃、易碎、易腐蚀，甚至发出难闻的气味，那就更不好了。邻里相处的基本礼仪，就是不占用公共空间。如果有特殊原因要在公共空间放些物品，一般当天存放，当天拿走。若要占用一段时间，就要事先和邻居做好沟通，以得到邻居的理解。

当发现有邻居私放危险品时，可以对邻居做耐心的劝说，向邻居说明危险品存放在公共空间对左邻右舍有可能会造成的危险。如果不能对邻居做有效的劝说，应立即向辖区内的居委会或派出所反映，或者向家人反映，请家人一起协助举报。

不要在社区随意乱停乱放车辆

随着非机动车保有量的不断增多，很多社区的车辆乱停乱放和占用公共道路的问题日益严重。个别电动车、自行车等非机动车驾驶人会将车辆随意乱停乱放，这不仅是没有教养的体现，还带来很大的安全隐患。我们要督促家人将车辆停放在车库内，减少对社区内公共道路的占用，以保持道路的通畅。

教养金句

常求有利别人，不求有利自己。

——近代·谢觉哉

时刻提醒家人车辆须规范停放在指定车位，不挤占相邻车位，不影响其他车辆出入，对号入位，不占位停车，尤其不要在道路拐弯的地方停车。

时刻提醒家人要将家里的电动车在社区指定位置停放和充电。要严格按照政府的规定和要求，不把电动车停放在门口、楼道和家里，以免电池爆燃引发火灾。

自己的自行车，虽然占地空间不大，也不会发生电池爆燃的危险，但为了社区的整洁和道路通畅，也要将其停放在社区指定位置。

别让自家宠物狗扰乱社区

随着居民生活水平不断提高，越来越多的业主在闲暇之时饲养起了宠物狗。饲养宠物狗可以调剂人的情感，给人带来愉快、活力和希望，增添生活乐趣。如果不遵守饲养宠物狗的相关礼仪，就会给居民的日常生活带来不良的影响：宠物狗伤人事件时有发生，宠物狗的排泄物影响环境，宠物狗的叫声严重干扰正常生活。

因此，我们要遵守公德，规范养犬。不饲养大型犬、烈性犬，不带大型犬、烈性犬上街或出入公共场所。不携犬只或放任犬只践踏社区内公共草地花圃。要尽力避免犬只在社区里随地排泄，如果发生类似问题，要及时采取措施，主动清理犬只排泄物。要体谅他人的感受，防止犬吠影响他人，特别是在早、中、晚居民正常休息时段，要尽量避免犬只在生活区内狂吠。自觉接受邻里提出的意见和建议，和睦邻里，避免纠纷。犬只外出，要使用束犬链（绳）牵领，主动避让行人和车辆，避免犬只接近儿童、老人、孕妇等特殊群体。另外，还要严格按照犬只防疫规定，及时到防疫部门为犬只做免疫检查、注射疫苗，领取免疫证和免疫牌。

看人玩棋牌，不要随便插嘴

在社区的娱乐休闲区，看到小区里的大爷、大妈打牌正打得热闹，你非要跑到前面凑趣，指点某人该出什么牌、别出什么牌；别人聚精会神地下棋，你不时插话，满嘴“马”“车”不停，这种人往往不受大家欢迎。

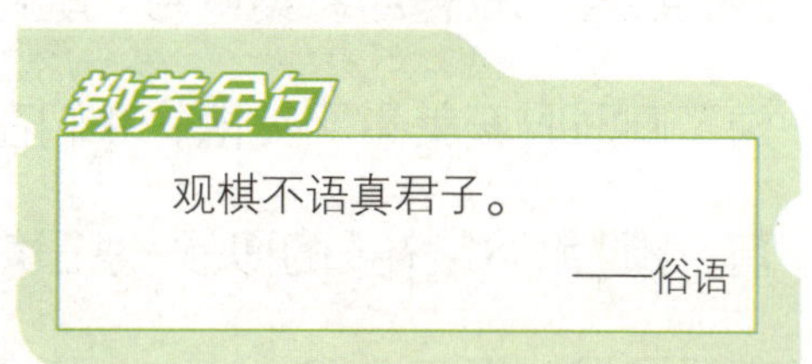

如果你这样做，一来会破坏打牌、下棋者们公平竞争的原则，二来会扰乱他们的思维和心情，三来会显得多事、多嘴多舌，不懂规矩。观看大爷、大妈打牌、下棋时插嘴是不礼貌的举动。如果你的声音很大很刺耳，估计全体参与者都会“当机立断”，马上转移阵地。

看大爷、大妈打牌、下棋，与牌局或棋局有关的建议一句也不该说。观看别人打牌、下棋等娱乐活动应保持安静。另外，可以叫好，但不应未经允许指点他人，不应讽刺和挖苦参加游戏的任何一方。

游览景区的礼仪规矩

观光旅游不仅是舒心畅意地游玩，而且也是一个展示美好修养的过程。只有自然美景与文明礼仪相呼应，才能构成真正的美。为了同时收获美景与美德，我们在观光旅游时，不要忘记在心底培育一颗“旅游之礼”的种子，从日常点滴做起，善待景观、爱护文物、尊重民俗、恪守公德。

旅游观光，注意维护环境整洁

旅游是为了求新、求知、求乐。只有我们自觉自律，旅游才会成为一种真正的享受。所以，在旅行过程中，游客需要注意维护环境。无论我们脚踩哪一片土地，除了脚印，什么都别留下；除了记忆，什么都别带走。

任何游客在旅游观光时，都有维护环境整洁的责任与义务。

旅游观光时不要随地吐痰、随地大小便、污染环境；不要乱扔果皮纸屑、杂物。在外野餐之后，一定要将垃圾收拾干净。垃圾要集中丢弃在垃圾箱或垃圾点，不可信手丢弃。发现别人乱丢袋子的时候，把袋子捡起来，把垃圾装进去，然后把地上的其他垃圾捡起来，一起扔进垃圾桶。

特别要注意的是，在景区内，特别是林区不要生明火烧烤，以免发生森林火灾。

爱护景点内的一砖一瓦、一草一木

很多好玩好看的旅游景点，都是山川名胜和历史古迹，但是你知道吗？它们都是不可再生的宝贵的自然和文化遗产，应倍加珍惜。

有的人造访某处景点，尤其是前往自己一生可能只去一次的地方，往往要留下“某某到此一游”之类的字迹，有的人甚至用喷漆喷涂各种字迹。这是没有教养的体现，甚至是违法犯罪的行为。

教养金句

一毫之善，与人方便。一毫之恶，劝君莫作。

——唐·吕岩

（一丝一毫的好事，都会给其他人帮助。一丝一毫的坏事，都要劝人不要去做。）

在景点刻字留名，会损坏建筑或景观的完整原貌，这不仅谈不上美观，还会对景点造成难以修复的伤害。如果你刻字的对象是重点保护的文物，你的做法简直就是对历史的亵渎。在景点刻字留名可能会给自己留下永久性的骂名。任何游客来到你留名的景点，都会知道你参与了违规的破坏行动。如果留下籍贯，你家乡的人们将被一并唾骂；出国旅游这么做，等于给国人丢脸。

参观任何景点都不应在所到之处刻字留名。如果景点有刻字的服务，应该在指定区域或媒介上刻写。参观游览时应避免乱碰建筑或设施。

所以，我们应爱护旅游观光地区的公共财物。对公共建筑、设施和文物古迹，甚至花草树木，都不能随意破坏。不能在柱、墙、碑等建筑物上乱写乱画，乱刻乱涂。

服从导游安排，尊重导游的劳动

我们在跟团旅游时，往往会在导游的带领下游玩。导游即引导游览，让游客感受山水之美，并且在这个过程中对游客基本的吃、住、行、游、购、娱等方面都应该照顾到，并解决旅游途中可能出现的问题。导游起到的是领头人的作用，所以我们要服从导游安排，尊重导游。

在旅游的过程中，食、宿、行服从导游安排。对导游的安排要多包容，不挑剔。有事外出，应征得导游同意后方可离队。

导游的基本技能就是介绍景点，让旅游的人能够充分认识到当地的美景，对于其中的内涵有所认识。所以，当导游讲解景点的时候，最好慢慢跟着走走，耐心去听听。如果不听导游介绍景点，我们只是随便走走，这次旅游自然是没有得到很多收获的。最多也就是视觉上的感受而已，没有真正体会到当地美景的内涵。当然，这也是对导游的不尊重。

尊重导游劳动，感谢导游讲解

作为一个超负荷工作的群体，导游是美丽的使者，通过自身的形象美、心灵美展现行业的朝气和活力；导游是安全的使者，每次带团都在考验他们的责任感、应变能力、细节把握能力等，从而确保游客的人身安全；导游是文化的使者，需要不断加强学习、储备知识，努力提升自己，才能讲出让游客满意的故事；导游是文明的使者，导游与游客的互动就是在传递文明，一次出游就是接受一次文明的洗礼，从而推动全社会文明素质的提升。所以，我们发自内心地尊重导游的辛勤付出，态度认真地听他们讲解相关知识，才是践行礼仪，感恩每一位劳动者的良好素养。

当然，也有一些导游存在“欺客宰客”“购物抽成”“素质低下”等问题。我们应该区别对待，不能带着标签看所有导游，甚至对他们出言不逊、当众羞辱。

顾及同行的游客，以礼相待

在景区内，可能会有其他游客。旅游时，要顾及同行的游客，以礼相待。

旅游途中，如果不小心冒犯了他人，应及时致歉。对别的游客要主动谦让，不要认为自己还是孩子，就可以理所当然地享受照顾（虽然大人应该这么做）。例如，走在狭窄的曲径、小桥、山洞时，

要主动给长辈让道，不争先抢行。使用公共游乐设施时，应避免一人独享，应照顾比较弱小的人。

在自由游览时不可玩得忘乎所以而忘了归队时间，让全队人为你担心。

如果同时有多人在景色好的地方拍照，要主动谦让，不要和他人争抢，学会说“请您先拍”。当有人妨碍自己拍照时，应有礼貌地向其招呼，不可大声叫嚷、斥责，或上去推拉。拍完照后，应向协助的人道谢。

入乡随俗，尊重景点的文化习俗

世界各地风土人情迥异，虽说不知者无罪，但出于对他人的尊重，出门之前还是应当了解一些景区的民风民俗。

在去一个陌生的地区或者国家之前，最好读一本旅行指南，尽量多了解当地的文化和风俗习惯。这样一来，不仅能够丰富你的旅行经验，而且能够避免做错很多事情或者不慎冒犯别人。

如果你去国外旅行，那么，你必须了解所到国家的宗教信仰以及这个国家的人民对于宗教所持有的态度。另外，你还要遵守有些国家的特殊的禁忌。例如：新加坡禁止吃口香糖，在英国比画剪刀手会被认为是挑衅或侮辱，印度尼西亚忌讳抚摸孩子头部，等等。

如果参观宗教场所，要遵守这些地方的禁忌。例如：进寺院要着装得体，整洁朴素；女生进入寺院不得穿短裙、袒胸露背及无衣袖的衣服。为了保持道场的清净，严禁将一切烟酒及荤腥制品带入寺院等。

爱护雕塑，不可攀爬栏杆等设施

游览观光时，一定要避免攀爬雕塑、栏杆等不良行为。

看到某景点有造型独特的动物雕塑，就攀爬上去拍照；为了抄

近道攀爬栏杆；想表现自己的大胆，吸引众人眼球，就攀爬高墙或陡峭的假山；因为好奇就冒着被罚款的危险攀爬受保护的文物，以便“一睹真容”“一亲芳泽”。诸如此类的攀爬行为，绝对不是聪明、有个性的表现。

不良攀爬行为，一方面对自己和他人的安全造成隐患，一方面给你所攀爬的设施或文物造成安全隐患，此外还干扰正常的游览秩序。

注意形象，不在景区的长椅上躺卧

行走累了，在景区的长椅上倒头便睡。也许你觉得这样做很舒服、很悠闲，实际上却已经违反了公共场所的礼仪。

在景区长椅上躺卧，第一，有碍观瞻，你不雅的姿态会让人感到不快；第二，占据了有限的休息场所，给其他需要休息的游客带来不便；第三，你的姿态给景区风景抹上了不和谐的一笔，破坏了景观的优美。

在景区休息时，应避免在长椅上躺卧，更不要长时间躺卧。不要一个人休息时在长椅上放过多东西，以免影响他人休息。在景区的长椅上就座时，应避免歪歪斜斜的不雅姿势。

网群空间的礼仪规矩

随着互联网的高速发展，网络成为生活不可缺少的一部分。网络礼仪是互联网使用者在网上对其他人应有的礼仪，在真实世界中，人与人之间的社交活动有不少礼仪，在互联网虚拟世界中，也同样有一套不成文的规矩及礼仪，即网络礼仪。那么你们知道网络礼仪包含哪些内容吗？

要 坚决抵制互联网的低俗内容

从某种程度上说，互联网也属于公共空间。当我们走进互联网时，面对的范围会更加广泛。

不可否认，现在社会，人们的生活已离不开网络，它是我们学习知识、交流思想、休闲娱乐的重要平台。但是，网络是一把双刃剑，它在方便我们交流和获取信息的同时，个别网络也存在着传播不健康信息、提供不文明服务等严重危害社会的问题，尤其危害青少年的身心健康。

抵制低俗内容，要从自身做起，一是在主观思想上建立一道防线，不浏览色情、赌博、迷信、暴力等垃圾网站，不要去看那些低俗图片和文章。二是不传播淫秽物品和淫秽信息等低俗内容。

我们正处在花儿一般的年龄，正是朝气蓬勃、奋发学习的大好时期。在使用互联网时，为崇尚科学知识，传播先进文化，塑造美好心灵的主阵地，我们有责任和义务来共同营造积极向上、和谐文明的网上舆论氛围。

在网络空间发布信息要讲“礼”

网络是一个虚拟的世界。很多时候，虽然同在一个“空间”，但是可能谁也不认识谁。例如在一些公共网络空间里面，大家可能都可以通过博客、微博或社区网络论坛对某件事发表自己的看法。那么，在这样相互都不认识的虚拟空间，大家是不是不需要注意礼仪规矩了呢？

网络上言论相对开放，但是，也不能无视礼仪的存在。否则，轻则招人厌恶，重则还会被依法处置。作为学生，在网络上发布信息需要遵守哪些基本礼仪呢？

教养金句

不敬他人，是自不敬也。

——《旧唐书》

（不尊重他人，也就是不尊重自己。）

我们发布信息时，要遵守道德原则，不要把不良信息带入到网络中。更重要的是，不要随意发布一些恶意的信息蛊惑人心。严禁一切色情内容，不发布带有任何色情内容的图片、链接、言论。禁止谩骂别人，学会尊重别人；不要因为私人问题在网上发布一些诋毁他人名誉的信息。

随着信息技术的发展，网络也是人与人交流的一个重要场所。不能因为交流的场所变了就不顾及礼仪了。相反，在网上有失礼仪，造成的影响会更大。所以，网上发布信息更要讲“礼”。

在微信群里也要讲礼仪规矩

随着微信的广泛使用，人人都有微信群。有的人甚至有很多个群：亲戚群，朋友群，同学群，社区群，等等。但是，微信群是一种群体社交圈，与实际社交一样，也是要讲礼仪的。

在微信群里要尊重法律和群规，违法的话坚决不能说，谣言千万别传。有人说：“我也不知道是谣言，我也是转发别人的。”正因为不知道是否谣言，所以所有未经证实的信息不要在微信群传播。特别重要的，也是会被群友忽视的真正称之为礼仪的是：尊重别人发言，不要随意打断别人的话。我们经常发现，当群友之间有需要解决的事情而互相交流的时候，突然有人插入一个链接，或者突然插入一篇长文和图片，这就打断了别人说话。在群里交流时，要善于观察别人之间的交谈。在别人相对空闲的时候，可以转发或者发布自己的一些美图美文等。在群里，要和在现实一样，注重文明礼貌。

不可以故意刷屏，不要一个人无节制地转发链接或写长文。如果有长文，最好做成一个图片来发，或者用微信收藏笔记发布。刷屏是对他人不尊重的行为。

尽量不要在微信群发语音。微信群是一个集体空间，群友多数不是一个人独处，有时候听你的语音会影响到室友或周围的人，因而有的语音会被其他人忽视。看文字就不同了，自己看自己的手机，不会影响第三方。

咨询网络客服，措辞要得体

购买商品前需要和客服沟通商品情况。顾客咨询客服要去除自大的心态，不能因为自己是买方而显得不可一世，也不能因为客服的回答让自己不满意而讽刺和挖苦对方。询问时要有礼貌，态度要平和，措辞要得体，应当用准确简洁的语言向客服说明自己的问题或者麻烦，不能表现得不耐烦。要时时确认客服是否知道自己表达的意思，不能只顾自己说个不停，要随时注意客服的反馈。要知道，尊重他人是一个人基本的行为准则，同等的尊重才能换来别人的尊重。

教养金句

行谨则能坚其志，言谨则能崇其德。

——南宋·胡宏

（做事谨慎，就能使自己志向更加坚定；说话谨慎，就能使自己德行更崇高。）

您好，请问这本书有英文版吗？
有的，您稍等
好的，谢谢啦！
不客气！

确认收货，评价要客观

网购商品收到后，应及时检查然后确认收货，在使用后给予客观的评价，让其他购买者可以有一个参考，与人方便，与己方便。

教养金句

文以行为本，在先诚其中。

——唐·柳宗元

（文士以德行为修养的根本，而在德行中将真诚摆在首位。）

如果购买的商品确实触动了我们的某种情感需求，让我们迫不及待地想要分享自己快乐的经历，那么我们理所当然要给出“好评”。在遭遇了十分不快的痛苦购物体验后要宣泄不良情绪，我们无疑会给出“差评”。这种客观评价，不但可以积累自己的经验，同时也能在网上获得他人的认可、肯定。在有些网站上，“好评”额外积累的积分，可以抽奖或者参加兑换活动。

朋友圈里发布信息要讲文明

我们的微信里大都是朋友，还有家人、亲人和老师。所以，在微信朋友圈里发布信息、点赞和发表评论，一定要讲礼仪，这样圈里的人才会喜欢你。

在微信朋友圈里发布信息时，不要传播违禁内容，不传谣，不造谣。发视频和图片，内容要文明健康，最好是充满正能量。要注意的是，不要频繁刷朋友圈。

看到别人在朋友圈里发布信息，为其点赞或带上真诚的评论，这是一种风度——这是再正常不过的事。但有些人真的是什么内容都没看明白，上来就一通点赞。别人也许发布的是伤心的消息，这样的点赞就失礼了。所以在给别人点赞或评论之前也请用心，先看清楚人家发的内容再点赞。看到别人在朋友圈对你点赞和留言，要及时回复。哪怕是早安问候，也一定要回复，这是起码的礼貌。你给别人回复评论的时候要用“回复ＸＸ”的回复框，不要单独评论，不然会给其他点赞者都推送评论消息，这样就会对别人有一定打扰。

网络直播要传播积极向上的内容

网络直播作为一种新兴的网络文化产业，与传统电视节目直播相比，具有发布更便捷，内容更多元，互动更深入等特点。所以，有时候我们会利用一些平台做网络视频直播。那么，我们应该注意哪些礼仪规矩呢？

假如你是一名主播，你面对的是“公众”，衣着、动作等要得体大方，不可出现低俗的镜头。上线时要向粉丝问好，下线时要向粉丝道“再见”。直播过程中严格遵守国家法律法规，言语有度，不散播谣言，不夸大其词，与他人和谐交流，举止文明规范。要遵守网络直播秩序，勿传播不良内容，营造良性竞争环境；自觉抵制、远离

教养金句

立身成败，在于所染。

——唐·魏徵

（能否作出一番成就，在于从小养成的习惯、爱好。）

有害内容的直播，遇有违法情形立即举报。

网络直播主体要从自身做起，传播积极向上的内容，维护健康有序的网络直播环境，让网络直播在传播信息的同时也能传播文明。

文体场馆的礼仪规矩

到影剧院看电影、戏剧，到体育馆看比赛，到图书馆阅览图书……当我们身处这些场馆的时候，都希望有一个良好的文体场馆环境。其实，只有我们每个人都遵守文体场馆里的公共秩序，都讲究文明礼貌，我们才能安心地享受其中、乐在其中。我为人人，人人为我，让我们一起学学文体场馆礼仪吧！

文体场馆内，怎么着装有讲究

一般来说，观看体育比赛和文艺演出时观众的衣着要整洁、大方就可以了，不能太随便。但是，观看有些体育比赛和文艺演出时着装有特殊的要求。

教养金句

衣裳常常显示人品。

——近代·莎士比亚（英国）

例如在音乐厅，穿着得体不仅显示个人的素养，也是对演出者的尊重和礼貌。国内外普遍的情况是，男性着西装，女性着裙装或小礼服。许多人认为，正式场合女性穿着裤装是不礼貌的打扮。注意服装仪容整洁，虽不用过度华丽，但最好避免牛仔裤、拖鞋等休闲打扮或穿奇装异服。

在国外有些地方，对于一个高尔夫观众来说，符合标准礼仪的衣着应该是有领T恤、休闲裤和平底鞋。观赛禁忌是牛仔裤与高跟鞋。不过目前在国内举办的比赛里，都没有严格要求看比赛的观众换掉牛仔裤才能进场。但作为一个懂得礼仪的观众来说，一条简单的休闲裤则代表了观众在高尔夫方面的基本知识。在观看高尔夫比赛之前，换上平底球鞋应该是基本的礼貌。

进出文体场馆要准时、有序

观看体育比赛或文艺演出，进出场馆要准时、有序。

观看体育比赛，应该准时入场，以免入座时打扰别人。入场后，应该对号入座。不要因为自己的座位不好而占了别人的座位。

如果赛后你还有个约会，想快点退场，你就应该在终场前几分钟悄悄走。不要等到散场时，在人群中乱穿乱挤。

出场馆的时候，要跟着人流一步步地走向门口。挤、推，可能谁也出不去，甚至还会出现危险。万一被推挤的观众围困，要记住“向最近便的出口缓行”和“顺着人流前进，切勿乱钻”。

不要随便带零食进入文体场馆

小朋友们不知道注意到了没有：观看体育比赛或文艺演出时，很多场馆是可以带些零食、饮料的，但也有些场馆是不可以带零食、饮料的。

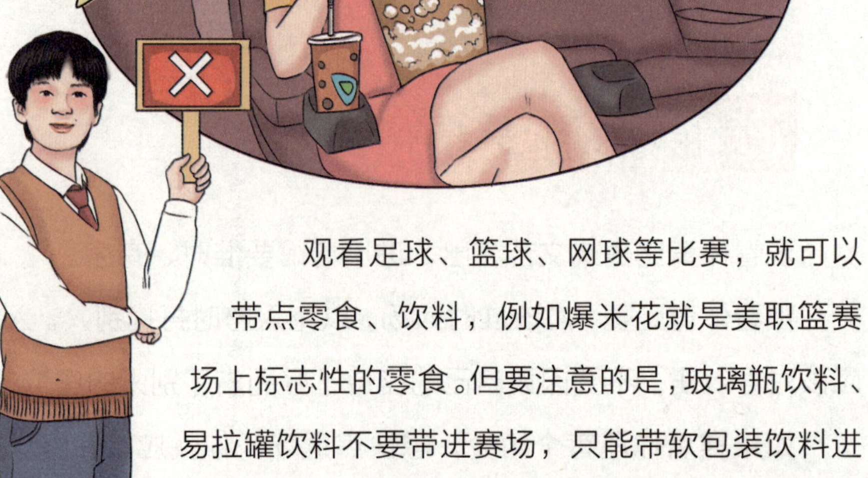

观看足球、篮球、网球等比赛，就可以带点零食、饮料，例如爆米花就是美职篮赛场上标志性的零食。但要注意的是，玻璃瓶饮料、易拉罐饮料不要带进赛场，只能带软包装饮料进入赛场。垃圾要用方便袋或者纸袋自行带出。

有些文艺演出是禁止携带零食、饮料的，例如在音乐厅一边吃着爆米花一边听交响乐，那是极其失礼的事。

喝彩、加油，要注意时机和方式

精彩的体育比赛振奋人心，欢呼和呐喊是很自然的事情。可以为你喜欢的一方叫好，但不要打击或嘲笑另一方。如果是精彩的场面，不管是主队的还是客队的，都应该鼓掌加油，表现出公道和友好。

在比赛中起哄、乱叫、向场内扔东西、鼓倒掌、喝倒彩的行为，是违背体育精神的，更是没有教养的表现。

要注意的是，不同的比赛或演出，喝彩、加油的时机和方式各有不同。

在台球比赛中，喝彩的时机有：在选手结束击球之后；在参赛选手有精彩表现时；在参赛选手连续进攻，而此时台面上剩下的分值让对手已经回天乏术时；在参赛选手积分达到 100 分时；在参赛选手一杆打满了 147 分等。这些时间均应送出喝彩的掌声。

网球比赛的喝彩也要注意时机：看到有人打出精彩球（回合较多球，线路刁钻的穿越球，漂亮的上网截击等球）时，观看者可以发出喝彩、鼓掌，但是在一个回合没有结束前，最好不要这样。而有人出现失误时，更不应该喝倒彩。体育比赛中，要注意在为己方球队加油助威时，不要使用攻击对方球队的语言。要为双方的精彩表演鼓掌，不要用嘘声影响比赛、打压对手。

音乐会开始时，应鼓掌迎接指挥上台。对上台演出的独奏演员也应给予掌声鼓励。整首交响乐或整组乐曲全部演奏完毕时，才一起鼓掌。乐章之间和组曲之间不拍手。音乐会以鼓掌的方式喝彩，而不要大声喊“好”。

有时候，文体场馆内要保持安静

无论是观看文艺演出还是体育比赛，很多时候场馆内都需要观众保持安静。

乒乓球运动是一项很微妙的运动。从运动员准备发球开始到这个球成为死球的这一段时间内，整个赛场要保持安静。不要鼓掌、跺地板、大声讲话、呐喊助威、随意走动、展示旗帜和标语等。

观看台球比赛，在击球过程中，观众要保持安静，不要随便说话。中国有句古话说得好“观棋不语真君子”，在场馆内就更不能大声喧哗了，甚至不要轻易鼓掌；尤其是球手在思考或击球时，更不能出声扰乱。

网球比赛时，运动员打球时需要精神专注，讨厌有人大声喧哗。

在参加音乐会时更不要制造噪音，演出过程中应保持肃静，不可交谈、打瞌睡、喝水（饮料）、吃东西、走动等。尽量避免做一些“小动作”，例如：在座位上移动大衣、将包打开或关上、捡起掉到地上的东西、清喉咙、咳嗽、打喷嚏、翻腾自己的塑料提袋、嚼口香糖等。如果你喉咙发痒，可以含服非咀嚼型喉糖；如果你暂时控制不了咳嗽和喷嚏，可以向工作人员要求出场休息。

总之，观看体育比赛或文艺演出时，一定要事先关闭移动电话、各种数码通信产品，并注意不要随便发出噪声。

观看演唱会时不可随意走动

明星的演唱会往往会令狂热的崇拜者们疯狂，然而当这些崇拜者在观看过程中看到有人在场内随意地四处走动，感觉就不会那么好了。

在演唱会现场走来走去寻找一个更好的观看位置，在演唱会场内到处走动寻找熟人或不时地购买零食、上厕所……无论你走动的原因是什么，别人都会因为你晃动的身影而影响心情，同时你的行为也影响观看效果。这是不懂得换位思考的表现。观看演出时应尽量安静地坐在自己的座位上。如果需要走动，应礼貌地向周围的人表示歉意。在场内走动时应尽量避免挡住别人。

不对台上的演员喝倒彩

观看舞台表演时，演员舞步出错，你就立刻大声喝倒彩；演员说台词失误，你就立刻大声拍手跺脚甚至吹口哨；演员的表现不够精彩、到位，你就毫不留情地谩骂，用语言和动作羞辱对方。这些行为是不礼貌的。

对演员喝倒彩，第一，容易增加演员的紧张感，使其难以及时调整状态更好地表演；第二，容易引起其他

教养金句

礼貌使有礼貌的人喜悦，也使那些受人以礼貌相待的人们喜悦。

——近代·孟德斯鸠（法国）

观众的迎合或反感，破坏现场观众的情绪。对演员喝倒彩是心胸狭窄、喜欢搞恶作剧、不懂得体谅别人的表现。这对演员以及其他观众都是不尊重的。

观看演出时应对演员报以礼貌的态度。即使演员有不尽如人意之处，也不要向台上抛掷杂物以示不满。演员表演欠佳时，应避免大声怪叫、起哄。

别人在座前通过时，应该礼貌让路

在电影院、演唱会现场，恐怕每个观众都希望不受打扰地从头到尾看完整场电影或者表演。如果别人需要暂时离开座位，你不让对方通过就不对了。

别人通过可能是因为上厕所或接打电话，可能是因为购物或与别人会面，而你不让路会让别人觉得你不讲理、故意为难对方。如果双方争执起来，还会影响到周围的人们。

在演出过程中，别人要通过时应主动让路。自己坐在通道旁边时，不应拒绝给别人让路。给别人让路时，不应表情不悦、态度蛮横。

入住酒店的礼仪规矩

一家人远行观光旅游，入住宾馆、酒店是在所难免的。然而入住酒店不同于在家，它只是你临时租用的一个住处，不可以随心所欲。所以有一些必要的礼仪和规矩需要注意，这样才会体现你的教养。

预约：方便酒店也方便自己

外出旅行要提前预订酒店，这是礼仪，既方便自己，又利于酒店的管理。尤其是在旅游旺季出门，这一项工作就更是必不可少，否则，你很可能就要体会身在异乡却又没有地方消除旅途劳顿的无助感受了。在信息高度发达的今天，预订酒店的方式是多种多样的。托人、上网、信函、电传都是可以的，但常用的还是电话预订。在确定了要入住的酒店后，可以拨打他们的电话，告诉他们你的要求以及入住和停留的时间，入住的人数，房间的类型，申请住宿人的姓名和到达酒店的大概时间，并问清房费；万一比预订的时间晚了，

尽快打电话联系，否则预订就会被取消。此外，随着服务业的发展，酒店会越来越注重个性化服务，尽量满足客人的需求。所以，如果你有对房间的特殊要求，也可以在预约时提出，使你在酒店的休息可以更加舒适和方便，何乐而不为呢？

登记入住：一言一行皆文明

到达目的地之后，有备而来的你就可以直奔预约好的酒店。进入大堂后，首先应该到前台登记。如果你带了大量的行李，门童会帮助你搬运行李，你可以礼貌地谢过之后就去登记入住。如果前面有正在登记的顾客，那么你应该静静地按顺序等候，与其他客人保持一定的距离，不要贴得太近。虽然不必排成一队，但是也不能乱站乱挤或采取任性无理的态度。入住酒店要出示身份证。

教养金句

言行在于美，不在于多。

——梁朝·萧衍

在登记完并拿到钥匙之后，你就可以去房间了。乘电梯时，应该主动为后来的客人按住开门的按钮。等人上完后，应该主动按下关门的按钮，尽量减少给别人带来麻烦。安全的房间是靠近走廊的房间，因为过往的人很多。你要查看紧急出口和安全出口，而且看一下你是否需要更多的毯子、衣架、电源插座、毛巾等。最好进房间前就把这些搞定，不要等到晚上，因为晚上的值班服务人员可能会较少。

大厅和走廊是酒店生活中的主要公共场所，因此一定要记住，在酒店不要表现得像在自己家中一样，甚至穿着睡衣或浴衣转来转去。此外，还应该注意一定不要大声说话和吵闹，也不要乱跑乱跳。遇到雨雪天气，要收好雨伞，把脚上的泥擦干净再进入酒店。

入住客房：让酒店生活有序、有礼

客房要注重保持清洁卫生，废弃物要扔到垃圾桶里，东西尽量放得整齐有序。不要随地吐痰，不要在墙上乱画，不要弄脏家具。在洗手间，不要弄得盥洗台到处都是水。

教养金句

播种行为，可以收获习惯；播种习惯，可以收获性格；播种性格，可以收获命运。

——近代·萨克雷（英国）

电视的音量要适中，不可太早或太晚看电视，以免影响别人休息。

在房间用餐完毕，要用餐巾纸将碗、碟擦干净，然后将碗、碟放在客房外的过道上，方便服务人员收拾。

淋浴的时候，浴帘的下部要放到浴缸里面，不要把地弄湿了。淋浴之后，浴帘的下部要放在浴缸的外面。要把自己落在浴缸的头发拾起来。

如果需要连续住上几天，可以留一张纸条给客房服务员，告诉他们，床单和牙刷不必每天都换，牙膏和洗发水也可以等用完了再换新的。

千万不要把现金或贵重的物品放在房间里，要把它们放在前台的保险箱里。房间里的保险箱要设定密码，否则是不保险的。进出房间要随手关门。有不少人进入房间后，门虽然锁了，但门的保险链却总是忘记挂好。

如果有人敲门，先问清楚来客身份后再开门。如果到别的房间找人，则应轻敲房门，不可高声喊叫，待对方允许后方可进入。

不要拿走客房用品。酒店房间内备有各种用品，例如毛巾、浴巾、床单以及桌子上的办公文具等。这些都不是免费物品，拿走哪样都有失礼仪。

别想当然地认为可以从酒店拿走一些物品，酒店对物品的管理非常严格。拿走物品会导致你面临尴尬的局面，而且到最后要为此付款。如果你想买些纪念品，可以到酒店的商场里看看。

住 酒店不可大肆浪费

入住酒店，应注意节俭。有些人在住酒店期间，一点都不注意自身的教养，大肆浪费。住店期间，他们竭尽所能地浪费水资源和电资源：即使暂时不在房间也开着灯，即使洗漱完毕也不及时关水龙头。他们在住店期间狂打房间内的免费电话，乱拨电话号码找人聊天；除了房间里配备的免费用品，他们会额外再向服务员索要免费的小物品并迅速用光……这种行为让人联想到喜欢占小便宜的人，给人以素质低下的印象。不珍惜物品、大肆浪费，是一种违背礼仪的行为。

虽然是免费的，
但也不能浪费哦！

离店：做好善后工作

当我们离开酒店时，有很多礼仪需要遵守。

在准备走之前，可以先给前台打个电话通告一声。如果行李很多，可以请他们安排一个人来帮忙提行李。如果不小心弄坏了房间里的物品，不要隐瞒抵赖，要勇于承担责任并予以赔偿。结完账后，要礼貌地致谢并道别。

教养金句

君子敬而无失，与人恭而有礼，四海之内皆兄弟也。

——《论语》

（君子只要对待所做的事情严肃认真，不出差错，对人恭敬而合乎于礼的规定，那么，天下人就都是自己的兄弟了。）